# Tocqueville et les Apaches

# MICHEL ONFRAY

## Tocqueville et les Apaches

### Indiens, nègres, ouvriers, Arabes et autres hors-la-loi

ESSAI

J'AI LU

«*Apache:* (1902; de *Apaches*, Indiens du Texas réputés féroces).

Vieilli: Malfaiteur, voyou de grande ville prêt à tous les mauvais coups.»

*Petit Robert*

*À Mary-Pierre Vadelorge*

# Plan

# Préface

## Repentirs sur une fiction

Longtemps je n'avais lu de Tocqueville que son *Ancien régime et la Révolution française*. C'était au temps de la pleine mode du philosophe libéral et j'avais opté pour ce texte parce que, banalement, la furieuse Révolution française m'intéressait plus que la banale démocratie en Amérique.

Je n'y avais pas compris grand-chose tant cet ouvrage exige en amont des connaissances sur la Révolution française. En effet, on n'y trouve pas une histoire de ce moment historique, mais une réflexion sur ses conditions de possibilité. Tocqueville agit en généalogiste, à la façon nietzschéenne. Voilà pourquoi il se garde bien d'un abord saturé de moraline (est-ce bien ou mal ?) pour lui préférer la question des origines (comment cela a-t-il pu être possible ?). Or la moraline est la toxine d'une maladie infantile, l'idéalisme, et la généalogie une sagesse qui arrive après guérison et qui permet le réalisme – un véritable antidote à la moraline.

Je sortais de la lecture enfiévrée de l'*Histoire de la Révolution française* de Michelet les cheveux en désordre ; lire Tocqueville, c'était prendre une leçon de coiffure de la part d'un bien peigné. Je n'avais pas encore lu *Les Origines de la France contemporaine* de Taine, qui m'ont remis les cheveux en place...

J'avais laissé Tocqueville au calme dans ma bibliothèque quand Joël Bruneau, le maire de Caen, m'a sollicité pour le discours inaugural de la médiathèque, qui venait de prendre son nom. J'ai accepté en me disant que j'aurais ainsi l'occasion de revenir à un auteur que je n'avais lu que partiellement.

J'ai donc repris *L'Ancien Régime et la Révolution française*, avec lequel j'ai eu cette fois-ci un véritable plaisir, car j'avais lu depuis nombre d'ouvrages sur la Révolution française – notamment pour écrire et publier sur ce sujet *La Religion du poignard* (2009), un éloge de Charlotte Corday, et *La Force du sexe faible* (2016), un plaidoyer des femmes girondines de la Révolution en forme de *Contre-histoire de la Révolution française*.

Cet ouvrage fait l'éloge des régions, du pouvoir des provinces, du bon sens populaire, il critique le pouvoir démesuré de Paris sur le restant de la France, de ses intellectuels et de la politique littéraire qu'ils échafaudent sans souci de la réalité, l'œil rivé sur les Idées, tout cela ne pouvait que me convenir.

J'ajoute que, fidèle à ma méthode, j'ai accompagné ma lecture de cette œuvre par celle d'une biographie, en l'occurrence celle de Jean-Louis Benoît, *Tocqueville. Un destin paradoxal*. Dès les premières pages, j'ai découvert sous sa plume un Tocqueville de gauche, ce qu'il est et qu'on dit peu, mais aussi, *du moins c'est ce que dit son auteur*, un homme qui s'oppose au colonialisme, qui lutte en faveur de l'abolition de l'esclavage, qui souhaite humaniser les prisons, qui défend la liberté, qui se montre convaincu que la Providence conduit l'histoire dans la direction de l'égalité et de la démocratie, j'ai rencontré, *toujours sous cette plume*, un aristocrate nullement nostalgique de l'Ancien Régime, un rallié à la République de 1848, un élu au suffrage universel dans son département de la Manche – en même temps qu'un anxieux dépressif, un père de famille dès l'âge de quinze ans, un « grand amateur de femmes », dont certaines vénales, qui épouse une protestante austère de six ans son aînée et souffre de ses adultères, un mauvais orateur.

J'y ai lu ceci : « Tocqueville et Beaumont sont également très sensibles au sort tragique des Noirs et à celui des Indiens. Ils s'entretiennent avec eux par l'intermédiaire d'un interprète et cherchent à savoir quelles injustices, absolument contraires aux droits fondamentaux de l'humanité, ils endurent » (71) ; constatant ce que les colons blancs infligent aux Indiens, Tocqueville « ressent de la compassion pour ce peuple intelligent, plein d'une réelle noblesse » (167) ; concernant l'esclavage, l'auteur écrit : « La dénonciation de ce fléau et la lutte pour l'abolition vont constituer l'un des grands combats de Tocqueville et de Beaumont à leur retour en France » (72-73) ; à propos de l'Algérie et de la question coloniale, ceci : « Tocqueville se prononce donc en faveur de la poursuite de la colonisation, mais il estime que tout est à reprendre. Sans entrer dans le détail [*sic*], précisons dans les grandes lignes [*sic*], la critique et les propositions tocquevilliennes » (270), d'où il ressort que Tocqueville s'oppose aux méthodes brutales de Bugeaud ; Tocqueville est montré comme un adversaire acharné de Gobineau le raciste ; il rédige le programme de la Jeune Gauche ; il tempère la violence du marché libre par de nécessaires interventions de l'État ; il entend lutter contre la pauvreté, la misère des filles-mères, les conditions déplorables d'incarcération. En somme : un Tocqueville de gauche, politiquement correct. J'allais déchanter...

J'écrivis donc *La Passion de la liberté*, sous-titré *Tocqueville contre le despotisme démocratique*. Le texte fut édité par les éditions Autrement et distribué aux personnes présentes le jour de l'inauguration. La ministre de la Culture y avait été invitée ; je ne m'étais donc pas déplacé. Je fis ma conférence un autre jour à partir de ce travail.

*La Revue des deux mondes* a souhaité publier une partie du texte ; j'y ai consenti ; la revue et la maison d'édition se sont arrêtées sur les extraits à faire paraître. Je ne me suis pas occupé de cette question. J'appris ensuite par les éditions Autrement que, dans *La Revue*, le texte était bien long et que, dans la perspective d'une édition pour le grand public, il serait bienvenu que je l'augmente. J'y ai consenti.

J'ai donc repris mes cahiers de notes et entrepris la lecture intégrale de la *Démocratie en Amérique*, que je ne connaissais que par des morceaux choisis. Je suis parti aux États-Unis pour profiter du soleil de la Côte ouest avec les trois volumes de l'édition de la Pléiade. Puis je suis arrivé au chapitre intitulé : *Quelques considérations sur l'état actuel de l'avenir probable des trois races qui habitent le territoire des États-Unis* (I, II, X). Et là, les bras m'en sont tombés !

Car Tocqueville s'y montre aux antipodes de ce que raconte la biographie que j'avais lue. Par exemple : « Parmi ces hommes si divers, le premier qui attire les regards, le premier en lumière, en puissance, en bonheur, c'est l'homme blanc, l'Européen, l'homme par excellence ; au-dessous de lui paraissent le Nègre et l'Indien » (*De la démocratie en Amérique* (II, 368)... Est-ce le propos d'un homme qui s'oppose à Gobineau ?

Puis j'ai découvert un Tocqueville qui, certes, critique l'esclavage, mais parce que l'esclave coûte plus cher à son propriétaire en nourriture, en logement, en frais de santé et de retraite, en charge de sa famille, qu'un ouvrier qui s'avère plus rentable... Est-ce le propos d'un ami des Noirs ?

J'ai découvert un Tocqueville qui estimait que le massacre des Indiens obéissait aux lois de la Providence et qu'il en était ainsi, qu'il ne servait à rien de vouloir autre chose et autrement que ce qui advient. Qu'à l'heure où, repoussés par les colons européens par les armes, ils arriveraient à la Côte ouest, sur les rives du Pacifique, ils auraient disparu et qu'il fallait s'en faire froidement une raison. Est-ce le propos d'un ami des Indiens ?

J'ai ensuite voulu lire les textes qu'il consacre à l'Algérie. Je les ai lus. Dans son *Travail sur l'Algérie*, j'y ai découvert cette assertion qui résume toute sa position sur cette question : « Je crois que le droit de la guerre nous autorise à ravager le pays » (I, 704). Est-ce le propos d'un modéré sur la question coloniale ?

Après avoir lu à Los Angeles tout ce que je souhaitais lire, n'ayant plus rien à me mettre sous la dent lors du voyage en avion, je me suis décidé à prendre connaissance de ses *Souvenirs*. Las ! J'y ai découvert un homme qui sort armé lors des journées insurrectionnelles de 1848 et justifie qu'on tire sur les ouvriers qui souhaitaient du travail pour nourrir leurs familles. Est-ce l'attitude d'un amoureux de la liberté et de la démocratie ?

J'ai donc considérablement augmenté mon texte d'origine – je l'ai même triplé pour être précis. J'ai repris *La Passion de la liberté*, qui apparaît ici en appendice et qu'il faut lire averti par ce que je viens de raconter : je maintiens mon analyse concernant sa généalogie de la Révolution française, car c'est une position qui relève de ma lecture directe du texte du philosophe ; en revanche, j'en retranche ce qui procède de ma lecture d'une biographie qui se cache sous le *paradoxe* affiché dans le titre pour présenter un Tocqueville social-démocrate qui témoigne moins en faveur d'un portrait fidèle du philosophe que d'un autoportrait rêvé de son biographe... J'ai été induit en erreur. Tocqueville est autre chose que ce précurseur de Michel Rocard !

J'ai également profité de cette analyse pour tâcher de montrer que la double réhabilitation de Tocqueville obéissait à deux projets de politique politicienne : d'abord, Raymond Aron s'en est servi comme d'une machine de guerre pour combattre Marx, le marxisme, le marxisme-léninisme, le soviétisme, les pays de l'Est, ou, pour le dire en un mot : Jean-Paul Sartre.

Ensuite, dans les années 1980, les intellectuels organiques de la mitterrandie et les éditocrates qui leur emboîtent le pas s'en servent pour justifier qu'à gauche on puisse aussi penser comme à droite, pourvu qu'on soit libéral. Cette récupération accompagne le double reniement de François Mitterrand au socialisme en 1983 et au pacifisme internationaliste en 1990.

Ces deux renoncements ont généré, pour le premier, un Front national aux étiages que l'on sait et, pour le second, non sans liaison avec le premier, une riposte terroriste au néocolonialisme désormais paré de toutes les vertus sous les plumes du droit d'ingérence.

Nous vivons donc sous une ère tocquevillienne, mais pas comme nous le croyons : sous le signe du ressentiment généré par son éloge de la liberté et de la démocratie pour quelques-uns seulement, les civilisés, au détriment de tous les autres, les barbares – autrement dit : les Indiens, les nègres, les Arabes, les ouvriers et autres apaches...

# Introduction

**Démontage d'une machine de guerre**

Dans *De la démocratie en Amérique*, en 1831, Tocqueville annonce la disparition des Indiens d'Amérique sous la brutalité armée des Blancs et trouve la chose tout à fait normale puisque providentielle ; il fait du colon européen un messager de la civilisation abordant avec courage et virilité la terre des Amérindiens, un peuple qu'il présente comme barbare ; dans ce même ouvrage qui fut au programme de l'agrégation de lettres et qui reste à celui de la classe de philosophie en terminale, il prédit la guerre civile aux États-Unis si les « Nègres » devaient un jour cesser d'être les esclaves des Blancs ; il estime que cette race passe au second plan, après les Blancs, mais avant les Indiens ; dans *Travail sur l'Algérie*, en 1841, il théorise un plan gouvernemental qui prévoit du sang et des larmes, des razzias et des guerres contre les Arabes colonisés en Algérie par la France ; dans ses *Souvenirs*, en 1848, il justifie l'usage de la poudre et des balles contre les ouvriers révolutionnaires, on le retrouve même, il l'écrit, dans les rues de Paris une arme à la main.

Or cet homme de gauche, car il fut de gauche et tenait lui-même à cette étiquette, est devenu le parangon de la démocratie libérale, le héraut de la liberté contre les régimes totalitaires du XXe siècle. Par quel étrange paradoxe Tocqueville est-il devenu le héros positif de la liberté qu'il est de bon ton d'opposer à Marx qui, lui, aurait été le héros du mal en politique ? Comment ce fourvoiement a-t-il pu générer une vulgate à laquelle souscrit désormais le plus grand nombre ?

Raciste, ségrégationniste, colonialiste, armé, Tocqueville est certes un libéral du point de vue de l'économie, mais un libéral de gauche parce qu'il demande à l'État qu'il contribue paradoxalement au projet libéral, mais sûrement pas un libéral qui, au sens dix-huitièmiste du terme, aimerait les libertés et leur extension pour tous. Pour en bénéficier, il vaut mieux, comme lui, être blanc, homme, chrétien, d'origine européenne...

Pour résoudre cette énigme, rendons-nous en Normandie, au château de Tocqueville le 21 juin 1986. Ce jour-là, François Mitterrand vient visiter son château dans la Manche en compagnie de Robert Badinter, alors président du Conseil constitutionnel. On sait que le président, qui a renoncé à être de gauche avec le tournant dit de la rigueur en 1983, s'est fait plutôt élire président de la République en citant Jaurès et Blum que Tocqueville ou Raymond Aron...

Mitterrand, qui parle à gauche, pense à droite et gouverne ailleurs, aime la littérature, on le sait ; il goûte les promenades barrésiennes en province, nul ne l'ignore ; il apprécie les moyens de la république, qui lui permettent, d'un coup d'hélicoptère, de porter les deux corps du roi dans un lieu de son caprice. Si la Cour des comptes lui avait demandé des comptes, ce qui est sa fonction, il aurait dit, citant l'historien Kantorowicz, que les deux corps du roi se sont trouvés héliportés et qu'on ne saurait demander à l'un ce dont l'autre ne peut se rendre coupable.

Pourquoi diable cet homme qui aimait les rituels et les symboles, qui jouissait de semer les signes pour tester l'intelligence et la sagacité de ses interlocuteurs qu'il n'était jamais bien loin de mépriser, a-t-il visité le château de Tocqueville, lui qui, cinq ans plus tôt, venait d'être élu président avec un programme socialiste et gouvernait avec des communistes – deux occasions pour Tocqueville de ressortir les pistolets du tiroir...

Parce que, après avoir jeté au feu les œuvres complètes de Jaurès le jour où il choisit de ne pas sortir du serpent monétaire européen, autrement dit à la date où il substitue l'utopie européiste à l'utopie socialiste pour avoir échoué sur la seconde en croyant réussir la première, il lui faut une nouvelle référence politique et littéraire.

Or cet homme qui fut, on le sait, cagoulard dans sa jeunesse, pétainiste quand le Maréchal était au pouvoir, puis résistant lorsque l'heure sonnée par la victoire de Stalingrad invitait à changer de camp, avait aussi été socialiste – du moins, il avait, dit-on, appris à parler socialiste.

Mitterrand n'aimait pas les communistes ; Tocqueville non plus. Mitterrand n'aimait pas les socialistes, mais on s'en est aperçu plus tard – du moins pour ceux qui ont eu cette lucidité de s'en apercevoir un jour ; Tocqueville non plus. Mitterrand avait été un ministre de la Justice partisan de l'Algérie française, n'hésitant pas à refuser systématiquement sa grâce à des militants indépendantistes algériens qu'il envoyait systématiquement à la guillotine ; Tocqueville avait été le théoricien de cette Algérie française. Mitterrand a fait une longue carrière dans nombre de ministères ; Tocqueville fut un éphémère ministre des Affaires étrangères de Louis-Napoléon Bonaparte. Mitterrand se disait agnostique, mais consultait Jean Guitton, philosophe jadis pétainiste, et se recueillait devant les reliques de sainte Thérèse ; Tocqueville croyait lui aussi à ce que le Florentin appelait « les forces de l'esprit » et donnait même à ces forces un rôle architectonique dans l'histoire. Ces deux hommes étaient faits pour se rencontrer...

Les années Mitterrand sont celles de la seconde naissance de Tocqueville. La première avait été rendue possible par Raymond Aron qui trouvait avec l'auteur de la *Démocratie en Amérique* un penseur qu'il estimait être un poids lourd à opposer à Marx. C'était l'époque de la Guerre froide, qui opposait le marxisme soviétique au capitalisme américain ; les intellectuels qui aiment le blanc et le noir croyaient qu'il fallait choisir entre le socialisme des barbelés qui promettait la victoire du prolétariat et le libéralisme américain qui n'avait pas d'autre horizon que le frigidaire et la voiture. Camus, qui ne voulait ni des barbelés ni du frigidaire, a payé cher sa liberté. Aron a donc poussé Tocqueville comme on pousse un veau aux hormones. Contre Sartre qui n'avait que Marx à la bouche, l'auteur des *Étapes de la pensée sociologique* (1967) explique pourquoi Tocqueville est le contrepoison idéal, l'antidote radical au marxisme. Tocqueville renaît de ses cendres. Édition des œuvres complètes, colloques, séminaires, thèses, rien n'est trop beau.

La seconde naissance, on la doit aux journalistes[1]. La première avait été celle des universitaires. Tocqueville devient le penseur de la liberté libérale, de l'individualisme démocratique, de la gauche post-marxiste, en un mot : du mitterrandisme postsocialiste.

Rappelons les faits : François Mitterrand se fait élire avec un programme commun qui associe socialistes, radicaux de gauche et communistes en mai 1981 ; il gouverne à gauche avec des ministres communistes jusqu'au 21 mars 1983, date à laquelle, devant sa gestion calamiteuse, il décide d'un tournant de la rigueur qui frappe les plus modestes ; le 17 juillet 1984, les ministres communistes démissionnent du gouvernement Mauroy après avoir accompagné pendant plus d'une année une politique libérale franchement dévastatrice pour les ménages les plus modestes ; le 15 octobre 1984, la mitterrandie pilote la création de SOS Racisme, qui abandonne les fondamentaux de la gauche socialiste au profit d'une gauche libérale qui tourne le dos au peuple old

---

1. L'analyse de cette captation effectuée par les journalistes et un certain nombre de philosophes (Edgar Morin et Minc, BHL et Finkielkraut, Attali et Luc Ferry...) est remarquablement analysée par Claire Le Strat et Willy Pelletier dans *La Canonisation libérale de Tocqueville*, éditions Syllepse (2006). Pour la liste des journalistes (Revel et Imbert, July et Plenel, Jean Daniel et Elkabbach, Julliard et Slama, Joffrin et Colombani, etc), voir les encadrés *La Fondation Saint-Simon* (pp. 210-213), *Revues et réseaux « tocquevilliens »* (pp. 228-230), *« Actualité » de Tocqueville et positions des éditorialistes* (pp. 231-235).

school au profit des minorités célébrées par la pensée 68 – BHL est membre fondateur ; parallèlement à cette ligne nouvelle, il faut créer un ennemi capable de fédérer cette gauche libérale : ce sera le Front national ; en février 1984, Mitterrand intervient auprès de la direction d'Antenne 2 pour que Jean-Marie Le Pen dispose de plus de visibilité médiatique ; le 13 février 1983, trois mois avant les élections européennes, Jean-Marie Le Pen est invité à « L'Heure de vérité » ; le 17 juin 1984, le FN passe alors la barre des 10 %, le PCF est un point devant lui ; en 1988, François Mitterrand est réélu ; Le Pen approche les 15 %, le PCF, les 7 % – sa stratégie s'avère gagnante : bien qu'ayant renoncé au socialisme, il se fait élire pour un second septennat en ayant réussi à passer pour un homme de gauche devant Chirac, présenté comme un homme de droite radicale flirtant avec Jean-Marie Le Pen, lequel casse la droite en deux et assure à Mitterrand une voie royale pour sa réélection. Il tient sa force de la seule faiblesse d'une droite scindée par ses soins par l'instrumentalisation du Front national, présenté comme un parti fasciste.

Tocqueville a joué un rôle dans ce processus de politique politicienne. Les journalistes ont en effet massivement plébiscité un Tocqueville pour les nuls à longueur d'éditorial.

Ainsi, on fabrique un Tocqueville en morceaux choisis pour le présenter comme la machine de guerre de la gauche libérale. Il suffit donc de choisir les pages de quelques-uns de ses travaux sur la prison, l'abandon des enfants, la paupérisation, l'esclavagisme, et de montrer qu'il développe une pensée de gauche, autrement dit :

fraternelle et généreuse, humaniste et solidaire avec les exclus de la société, les marges, les petits et les sans-grade, les paysans – le peuple... Et, de fait, avec cette habile théorie du prélèvement, on parvient à présenter un Tocqueville politiquement correct, compatible avec la gauche libérale du mitterrandisme postsocialiste.

Pour les prisonniers : il refuse que le capitalisme fasse la loi dans les prisons et qu'ils travaillent pour des entreprises privées – il demande qu'un salaire leur soit versé ; il souhaite que l'incarcération se fasse de façon plus digne, une cellule par prisonnier, afin d'éviter toute forme de promiscuité, physique, morale et sexuelle ; il désire que la prison ait en vue la prévention de la récidive, l'amendement et la réintégration sociale ; il demande pour ce faire qu'on scolarise les détenus. On dirait du Foucault...

Pour les enfants : il promeut une aide sociale d'État afin de lutter contre leur abandon ; il veut leur scolarisation dans des écoles gratuites, financées par l'État donc, jusqu'à l'âge de 12 ans. On dirait du Jules Ferry...

Pour les pauvres : il propose la création d'un crédit populaire avec des caisses d'épargne garanties par l'État ; il envisage ce que l'on nommerait aujourd'hui la participation, autrement dit l'intéressement du travailleur au produit de son travail ; il veut créer des associations communales chargées de collecter l'argent à redistribuer aux nécessiteux ou à leur trouver du travail dans la commune afin d'en finir avec la mendicité. On dirait du Proudhon...

Pour les esclaves : il est membre actif de la Société pour l'abolition de l'esclavage ; il en fait un crime contre l'humanité ; il souhaite sa disparition dans les Antilles ; il aspire à l'émancipation des esclaves ; il veut que l'État soutienne ce processus par des décisions économiques ad hoc, notamment des taxations de produits. On dirait du Condorcet...

Pour les peuples de couleur : à plusieurs reprises dans sa correspondance au sujet de Gobineau, Tocqueville combat avec véhémence les positions racistes de l'auteur de l'*Essai sur l'inégalité des races* – « ce sont des pensées dangereuses exprimées dans un style de journaliste », écrit-il à son ami de Beaumont (O.C., VIII (3), 185), « un système de maquignon plus que de chef d'État », ajoute-t-il dans une autre lettre au même (O.C., VIII (3), 164). On dirait du Harlem Désir...

Pour les Indiens d'Amérique : dans *De la démocratie en Amérique*, Tocqueville dénonce la sujétion des Indiens par les colons venus d'Europe, sujétion qui va jusqu'à l'extermination ; il constate qu'ils ont un sang noble et pur, qu'ils ont le sens de la fierté et de la dignité, qu'ils constituent une aristocratie qui méprise le travail et la douleur, qu'ils sont doux et honnêtes. On dirait du Claude Lévi-Strauss.

Tant que l'on se contente de ces morceaux choisis à dessein, Tocqueville pouvait sembler un auteur fréquentable. Mais quand on va y voir de plus près pour se faire une idée par soi-même, et non par l'ouï-dire des tocquevilliens, on souscrit à la mythologie du penseur antitotalitaire qui rend le libéralisme désirable...

Mais la lecture intégrale de la *Démocratie en Amérique* nous met en présence de pages terribles contre les Indiens, contre les Nègres, contre l'égalité, la démocratie et la liberté pour ces peuples, des pages qui se doublent d'éloge des colons, du colonialisme et de leur mission de civilisation ; la lecture intégrale des textes écrits sur l'Algérie en général, mais plus particulièrement du *Travail sur l'Algérie*, montre un théoricien cynique de la guerre coloniale, un penseur de la guérilla qui préconise la confiscation des terres aux Arabes d'Algérie, la destruction de leurs villes, le ravage de leurs récoltes, leur expropriation forcée, leur déportation et leur concentration dans des villes militarisées ; la lecture intégrale de ses *Souvenirs* nous le montre plein de mépris pour les ouvriers qui demandent du travail et du pain...

Et, me dira-t-on, cet homme aurait été un homme de gauche ? Oui... Non pas d'une gauche socialiste ou communiste, bien sûr, mais d'une gauche libérale. *Tocqueville invente en effet la gauche libérale qui se partage le pouvoir en France avec la droite libérale depuis 1983*. On comprend pourquoi cet homme qui aime l'Amérique plaît tant à ceux qui n'aiment la France que diluée dans les États-Unis d'une Europe libérale.

Tocqueville de gauche ? Je comprends qu'on doute. Examinons le dossier. Quand il est élu député de la Manche le 2 mars 1839, il écrit à son collègue de l'Orne, Courcelle : « dans nos campagnes [...] on ne juge et [...] l'on ne peut juger que sur les faits extérieurs. Aux yeux de ces gens-là, l'endroit où on place son derrière a donc une importance de premier ordre » (O.C., XV (1), 125). Par conséquent, il lui demande de trouver pour eux deux une place au centre gauche.

Il ajoute : « Si je n'étais pas un débutant, je me moquerais de cela ; mais, dans ma position, cela est grave. Est-ce que sur la dernière cime du centre gauche ou sur les limites de la gauche de ce côté-là, il ne reste pas quelque trou propre à nous y nicher ? » Il n'est pas légitimiste, pas royaliste, pas monarchiste, pas libéral, pas socialiste, pas communiste, mais juste pour la défense de la liberté. Bien qu'aristocrate, il est de gauche : où peut-il donc bien prendre place dans l'hémicycle qui décide de qui est de droite et qui est de gauche ? Le 12 mars 1839, parlant de la gauche, il écrit ceci à Courcelle : « C'est ce mot-là que je voulais accoler à mon nom et qui y serait ensuite resté attaché jusqu'à la vie éternelle » (O.C., XV, 128). Difficile de faire comme si ces choses n'avaient jamais été écrites.

Concrètement, il participe à la création de la Jeune Gauche en 1846. Il rédige la partie économique et sociale du programme. Alors qu'il vient d'être élu député et qu'il a demandé à son homologue de l'Orne de lui réserver une place à gauche, il a la désagréable surprise de découvrir, en arrivant dans l'hémicycle, que Courcelle n'a pu lui trouver une place qu'à droite pendant qu'il était dans sa circonscription à remercier ses électeurs... Il dit son énervement : dans sa circonscription, on va le croire de droite, on l'associera donc à la Restauration, et ça n'est bien sûr pas son camp. Thiers incarne une gauche, mais il déteste cet homme auquel il reproche son goût de l'intrigue et de la manigance, il ne saurait rejoindre son camp.

Tocqueville sait que les révolutions se font dans le sang et que la seule façon de les empêcher est de les prévenir en sectionnant à la racine ce qui les rend possibles. L'inégalité, la misère, l'humiliation, la pauvreté sont des maladies évolutives qui génèrent un jour la mort du corps social si elles ne sont pas soignées en amont. La réforme radicale, voilà qui interdit la révolution sanglante.

Dans cet esprit, la Jeune Gauche propose : d'intéresser les classes inférieures aux affaires publiques ; d'abolir les inégalités fiscales qui pénalisent ces classes ; de réaliser l'égalité et le bien-être par la loi dans le cadre du respect de la propriété ; de décharger le peuple d'une partie des charges publiques ; de créer des institutions qui puissent l'assister et l'aider directement dans ses besoins ; de baisser les taxes sur les produits de première nécessité ; d'indexer l'impôt sur les revenus et la fortune ; d'augmenter les impôts directs tout en baissant les impôts indirects ; d'activer une politique sociale d'assistance généralisée. Il s'agit donc d'établir à destination du peuple « des institutions qui soient particulièrement à son usage, dont il puisse se servir pour s'éclairer, s'enrichir, telles que caisses d'épargne, institution de crédit, écoles gratuites, lois restrictives de la durée du travail, salle d'asile, ouvroirs, caisses de secours mutuel » (O.C., III (2), 131). Nombre de ces propositions se retrouveront dans les revendications de tel ou tel communard en 1871... Mais la Jeune Gauche ne parviendra pas à rallier assez de députés pour exister.

Tocqueville écrit en *janvier 1848* qu'au vu et au su de ce qu'il constate, de ce qu'il voit, de ce qu'il entend, la situation s'est considérablement dégradée : « Nous nous endormons à l'heure qu'il est sur un volcan, j'en suis profondément convaincu » (*ibid.* 751).

Quelques jours plus tard, entre le 22 et le 25 février, éclate la révolution de 1848 – dite la Troisième Révolution française, après celles de 1789 et de 1830. Elle fit plusieurs centaines de morts. Tocqueville n'eut aucun mot de compassion pour des travailleurs qui gisaient, la tête éclatée par une balle, parce qu'ils avaient demandé de quoi manger pour eux et leurs enfants.

Qu'est-ce qui plaît à cette gauche libérale dans la pensée de cet homme ? Sa philosophie de l'Histoire. Elle représente finalement pour la France ce qu'est Hegel pour l'Allemagne en matière de philosophie de l'Histoire : elle annonce le caractère inéluctable, *parce que providentiel*, autrement dit, par effet de la Providence, de l'avènement de la démocratie sur la planète.

De la même manière que Hegel pensait la négativité comme un moment dans la dialectique qui conduit à la résolution des conflits, Tocqueville pense la négativité (ce que sont le racisme à l'endroit des Nègres, l'ethnocide des Indiens, le droit de faire une guerre coloniale aux Arabes) tel un moment du réel qui n'entrave pas la progression fatale vers la démocratie et l'égalité.

On sait ce que Marx, puis Lénine, feront de cette théorie de la négativité : puisque la révolution est inéluctable et qu'il existe une fatalité historique à la victoire du prolétariat, tout ce qui advient au nom de ce projet entre dans un processus normal : la violence révolutionnaire, l'expropriation armée, le camp de concentration, l'extermination des opposants, le despotisme du

Parti, tout cela relève de la nécessité dialectique : c'est donc une négativité qui prépare l'avènement de la positivité.

Tocqueville pense pareillement : nous allons vers la réalisation de la liberté pour le plus grand nombre, l'égalité est promise à tous, la démocratie est l'horizon indépassable de l'Histoire. Qu'on n'imagine pas que tuer des Indiens, assujettir des Nègres, exploiter et dominer des Arabes entraverait cette épiphanie de la liberté dans l'histoire...

Entrons dans le détail de cette philosophie de l'Histoire. Elle n'est donc pas, disais-je, sans faire songer à celle que Hegel développe dans ses *Leçons sur la philosophie de l'histoire* ou bien dans son cours publié sous le titre *La Raison dans l'histoire*.

Au dire même de Hegel, sa propre prose est indigeste ; l'abondance de néologismes qui passent pour des concepts enfume le lecteur ; la plasticité philosophante de la langue allemande permet la création de ces chimères embusquées partout dans l'œuvre. Mais, en fait, quand on a compris que Hegel utilisait indifféremment Raison, Idée, Esprit, Concept, Universel, Pensée, Vrai, Monde et... Dieu, Divin, on comprend, outre que l'hégélianisme est une philosophie tautologique, que Hegel ne dit pas grand-chose de plus neuf qu'Augustin, Thomas d'Aquin ou Bossuet quand il interroge « la présence de la Raison dans l'Histoire » (18) puisqu'il faut entendre : la présence de Dieu dans l'Histoire – Hegel pense que l'Histoire est la manifestation de Dieu. Autrement dit : « L'histoire est le produit de la raison éternelle et la Raison a déterminé ses grandes révolutions » (66). Convenons que, pour un philosophe professionnel, affirmer que *la Raison s'incarne dans l'Histoire* semble d'une autre tenue que de dire que *Dieu veut ce qui advient dans l'histoire* comme n'a cessé de le signifier Bossuet, l'évêque de Meaux. La théodicée est aussi vieille que les hommes qui ont créé Dieu à leur image inversée.

Tocqueville croit en Dieu sans y croire tout en y croyant. Disons-le autrement : il croit en Dieu si Dieu est une puissance qui gouverne ce qui est, mais cette puissance est juste une force, une énergie, un moteur ; il n'y croit pas, car les formes que la religion lui donne choquent son esprit rationnel et raisonnable, rationaliste ; il y croit tout de même parce qu'il n'est pas athée. Certes, il se dit « indévot », mais non dévot veut tout juste dire qu'il s'énerve quand on lui parle de processions et de reliques, la tunique d'Argenteuil par exemple, ou en présence de bigoterie et de superstition catholique.

Ne perdons pas de vue que Tocqueville est mélancolique, dépressif, sujet aux cycles de profonds épisodes neurasthéniques et que son rapport à Dieu, au divin et à la divinité s'en trouve affecté. Il a eu la foi ; il l'a perdue à seize ans après avoir lu les Philosophes ; il en a retrouvé une autre et celle qu'il a recouvrée n'est pas un long fleuve tranquille. Aucunement athée, possiblement fidéiste, un peu déiste, en partie théiste, mais théiste en partie c'est être un peu déiste, il écrit à Gobineau le 24 février 1857 : « Je ne suis pas croyant (ce que je suis loin de dire pour me vanter), mais tout incroyant que je suis, je n'ai jamais pu me défendre d'une émotion profonde en lisant l'Évangile » (O.C., IX, 58).

Laissons de côté son goût pour les textes néotestamentaires ; gardons ces aveux : il n'est pas croyant – mais en quel Dieu ? Il est incroyant : mais en quoi ne croit-il pas puisqu'il n'est pas athée ? On peut ne pas croire au Dieu des théistes, et se dire donc incroyant en théisme, tout en croyant au Dieu des déistes. Pascal nous avait habitués en distinguant le Dieu des philosophes du Dieu d'Abraham, d'Isaac et de Jacob. Si Tocqueville est bien incroyant, c'est en tant qu'il ne souscrit pas à la bimbeloterie catholique, aux dogmes, au péché originel ; mais son incroyance ne va pas jusqu'à la mécréance qui lui ferait nier Dieu.

Il dit précisément les choses : « Je crois fermement à une autre vie, puisque Dieu, qui est souverainement juste, nous en a donné l'idée ; dans cette autre vie, à la rémunération du bien et du mal, puisque Dieu nous a permis de les distinguer et nous a donné la liberté de choisir ; mais au-delà de ces notions claires, tout ce qui dépasse les bornes de ce monde me paraît enveloppé de ténèbres qui m'épouvantent » (O.C., XV, 316).

Il aime le Dieu qui rend possible la communauté de son pays. Car il sait que la religion se montre inséparable de la civilisation, lesquelles se rendent possibles l'une l'autre. Ce qui fortifie la première fortifie la seconde ; de même, ce qui abîme l'une abîme l'autre. La religion est affaire de spiritualité, pas la politique. Et il n'est pas question que la religion s'occupe de politique.

Dans une lettre à Gallemand datée du 18 février 1845, Tocqueville écrit : « Toute ma politique à l'égard des prêtres se résume dans ces mots : pas d'exclusion, pas de privilèges. Le droit commun pour tout le monde, ecclésiastiques ou laïques. Je serai toute ma vie fidèle à ce programme. Tout ce qui tend à mettre le clergé à part du reste des citoyens est un grand mal. Il faut au contraire tendre de plus en plus à mettre le prêtre dans la catégorie de tout le monde et à en faire un homme comme un autre, ayant les mêmes droits mais subissant aussi les mêmes obligations » (O.C., X, 325-326). C'est clair.

On peut également renvoyer à une autre lettre, envoyée à P. Clamorgan le 8 février 1844, dans laquelle il écrit : « Comment diable peut-on supposer que j'aie voulu couvrir le clergé, quand je suis le premier député qui dans la discussion ait indiqué clairement qu'il fallait se débarrasser des *jésuites* ? » (O.C., X, 282).

Tous ceux qui voulurent faire de Tocqueville un penseur calotin, un conservateur aligné sur le parti clérical, un bedeau égaré dans la philosophie politique, un nostalgique de l'Ancien Régime qui regrettait le pouvoir temporel de la mitre et de la crosse se trompent : dans le vocabulaire contemporain, Tocqueville peut être dit un laïc ; qui plus est : un laïc intransigeant.

Ce qui ne l'empêche pas de croire que l'Histoire est gouvernée par la Providence – par une providence, un certain type de providence dont malheureusement il ne dit rien. Dans les pages qui ouvrent *L'Ancien Régime et la Révolution*, Tocqueville écrit : « Tous les hommes de nos jours sont entraînés par une force inconnue qu'on peut espérer régler et ralentir, mais non vaincre, qui tantôt les pousse doucement et tantôt les précipite vers la destruction de l'aristocratie » (III, 48). Une *force inconnue* – il n'en dit pas plus...

Dès les premières pages de la *Démocratie en Amérique*, Tocqueville affirme que tout contribue à réaliser la démocratie : ceux qui la veulent, ceux qui n'en veulent pas, ceux qui la combattent, ceux qui la chérissent, car « tous ont travaillé en commun, les uns malgré les autres, les autres à leur insu, aveugles instruments dans les mains de Dieu. Le développement graduel de l'égalité des conditions est donc un fait providentiel, il en a les principaux caractères : il est universel, il est durable, il échappe chaque jour à la puissance humaine ; tous les événements, comme tous les hommes, servent à son développement » (II, 6-7).

Dans une lettre à son cousin Camille d'Orglandes datée du 29 novembre 1834, Tocqueville écrit : « Je ne saurais croire que Dieu pousse depuis plusieurs siècles deux ou trois cents millions d'hommes vers l'égalité des conditions pour les faire aboutir au despotisme de Claude ou de Tibère. Ce ne serait pas la peine en vérité. Pourquoi nous entraîne-t-il ainsi vers la démocratie ? Je l'ignore » (O.C., XIII, 375). La lettre est claire : Dieu pousse une grande quantité d'hommes dans une même direction et sur une longue durée vers la démocratie. S'il ne s'agit pas de Providence...

Certes, dans *L'Ancien Régime et la Révolution*, il fustige une fois le recours à la Providence, mais parce qu'il estime qu'à l'heure où il écrit, effet de mode, on y renvoie « à tout propos » (III), alors qu'il souhaiterait qu'on y recoure à bon escient. La « force inconnue » qui conduit les hommes dans une seule direction, et ce sur une longue durée, partout sur la planète :

qu'est-ce ? Sinon la première formule, celle de la cause première, de la philosophie de l'histoire de Tocqueville.

Dans cet ordre d'idées, la Révolution française a donc été la forme choisie et voulue par « la force inconnue », autrement dit par Dieu, pour réaliser son projet qui est de travailler à l'avènement de la démocratie sur la terre et d'en finir avec ce qui l'empêche d'advenir. La démocratie est donc au sens étymologique une fatalité, un fatum – contre lequel il ne sert à rien de résister ou de se rebeller.

Où l'on voit que pareille philosophie de l'histoire inspire Fukuyama et *La Fin de l'histoire et le Dernier Homme*, donc les néoconservateurs américains, pour lesquels, parce qu'ils disposent du fin mot de l'histoire, *le caractère inéluctable de l'avènement planétaire de la démocratie*, on peut justifier un colonialisme du bien partout sur la planète. On comprend alors pourquoi, de l'Afghanistan à la Libye en passant par l'Irak ou la Syrie, le Mali ou le Niger, les printemps arabes et l'Ukraine, les tenants de la gauche libérale justifient partout sur la planète les bombardements, qu'ils fomentent, les soulèvements, qu'ils financent, la propagande, qu'ils orchestrent pour une Europe de Maastricht qui fonctionne en levier qui justifie ce que, pudiquement, ils nomment *le droit d'ingérence*.

Cette notion faussement juridique et vraiment impérialiste permet à nombre des acteurs de cette gauche libérale, de Kouchner à BHL en passant par feu André Glucksmann, mais aussi de Mitterrand 1983 à Macron 2017, via Sarkozy et Hollande, eux aussi membres de ce club libéral, d'imposer un ordre international et de n'obtenir en retour qu'un désordre dans lequel fermente ce qui devient le terrorisme. C'est cette politique internationale qui crée le terrorisme planétaire.

Avant d'advenir, cette prétendue liberté démocratique a besoin, négativité oblige, d'un désordre duquel surgirait l'ordre libéral. En attendant la démocratie, la liberté et l'égalité pour demain, c'est l'anarchie, le despotisme, le désordre, le terrorisme planétaire pour aujourd'hui. Et demain, c'est toujours demain, c'est un horizon inatteignable. Ceux qui annoncent le paradis à venir le font toujours payer par un enfer au présent.

Au regard des cadavres produits par l'horizon marxiste qui prophétise l'humanité réconciliée et le règne du prolétariat, l'horizon libéral qui prédit le règne de la liberté démocratique et de l'individu souverain ne vaut guère mieux. Le goulag soviétique vaut l'ethnocide des Indiens ; le rideau de fer vaut la forteresse dans laquelle les Blancs tocquevilliens parquent les Arabes en Algérie ; l'État policier marxiste-léniniste vaut l'État américain esclavagiste ou pratiquant l'apartheid ; les tirs bolcheviques sur les marins révoltés de Cronstadt qui demandent juste le pouvoir aux Soviets valent les coups de canons ou de fusils contre les quarante-huitards de Cavaignac, pour lequel Tocqueville avait voté, en 1848.

On peut, comme moi, ne pas vouloir choisir entre Karl Marx et Alexis de Tocqueville, entre le marxisme-léninisme et l'individualisme démocratique, entre le *Manifeste du parti communiste* et *De la démocratie en Amérique*, entre Sartre et

Aron, entre l'URSS et les USA, entre le goulag et la bombe atomique, et préférer le socialisme libertaire de Proudhon ou, sur la question algérienne ou coloniale, celui de Louise Michel.

# 1

# Dieu veut scalper des Indiens

**Lecture du Voyage en Amérique *(1831-1832)*.
Lecture du De la démocratie en Amérique
*(1835 et 1840)*.**

*De la démocratie en Amérique* est présenté comme
un chef-d'œuvre. Disons-le autrement : c'est un
livre dont tout le monde parle et que personne n'a
lu... Si, de surcroît, ce chef-d'œuvre est dit universel, cela veut dire que c'est universellement
qu'on le cite et qu'on ne l'a pas lu. J'exagère ; mais
à peine ! On prétend que ce gros livre est un best-
seller aux États-Unis ; j'y vois confirmation de
mon hypothèse...

Car ce volume de la Pléiade qui, à soi seul,
gambade allègrement vers les mille pages, est la
plupart du temps connu par des morceaux choisis, puis par des idées extraites de ces fragments
sortis de la masse par quelqu'un qui avait intérêt
à faire dire quelque chose à Tocqueville. Car
aucune anthologie n'est innocente. Le maître
d'œuvre de pareil ouvrage tape dans le tas, choisit
ce qui lui convient, puis il colle sur un cahier
quelques feuillets pour présenter un penseur à sa
main.

Tocqueville est devenu un philosophe pour les économistes – depuis qu'il est entré dans le programme de... philosophie pour classes terminales en 2001. Puis un économiste libéral pour les philosophes – depuis qu'il est entré au programme de terminale en science économique et sociale en 2003, avant de devenir un philosophe pour classes terminales – depuis qu'il est entré au programme de l'agrégation... de lettres en 2005 ! Un homme qui semble partout chez lui n'y est nulle part.

Dès lors, Tocqueville a été un philosophe renvoyé à la littérature par cette corporation et à la philosophie par les littérateurs ; de sorte que ni les philosophes ni les littérateurs ne l'estimaient des leurs. Il était un homme de lettres chez les hommes politiques et vice versa. Trop député ou ministre pour les écrivains ; trop écrivain pour les députés et les ministres.

Était-il homme à marquer de son nom la littérature nationale ou internationale ? L'auteur des *Souvenirs* excelle dans le portrait vachard, certes, qu'on aille voir à celui de Louis-Napoléon Bonaparte par exemple, mais ces coups de sabre n'excèdent pas quelques lignes dans une longue œuvre rédigée dans le style d'un rapport de notaire.

Par ailleurs, *De la démocratie en Amérique* dans son premier volume manifeste toutes les élégances du cours de droit constitutionnel américain. Son entrée dans le panthéon des auteurs pour agrégatifs de lettres témoigne que les manitous des programmes souhaitaient moins honorer la prose d'un auteur que ses idées libérales. C'était alors à la mode ; Mitterrand avait besoin d'un croque-mort pour maquiller son crime : en 1983, il venait d'assassiner le socialisme. Les libéraux lui ont fourni le personnel.

Pour une grande part, Tocqueville n'est sorti de l'oubli que par un malentendu. Il avait en effet rejoint les bibliothèques poussiéreuses de son siècle. Le suivant, le XXᵉ, a transformé Marx en héros de l'humanité. Le Normand, mélancolique comme un curé de campagne, ne faisait pas le poids face au Rhénan qui aspirait à être le Moïse du prolétariat. Celui qui fait profession du réalisme le plus austère perd toujours le bras de fer avec celui qui fait le pari d'offrir le paradis sur terre à celui qui l'écoute. Un tragique qui dit vrai se fait indéfectiblement laminer par un optimiste qui dit n'importe quoi – donc qui dit faux.

Dans un premier temps, Tocqueville sort de la poussière parce que Raymond Aron le remet dans la lumière de son propre siècle. Il devient alors une machine de guerre lancée contre Marx. Tocqueville est à Aron ce que Marx était à Sartre : un compagnon de route pour célébrer les États-Unis pour l'un et l'Union soviétique pour l'autre. Le penseur normand aurait pensé la démocratie une bonne fois pour toutes alors que le philosophe allemand aurait analysé le capitalisme de manière définitive. Un point partout.

Or, faut-il le rappeler ?, en bon prophète millénariste qu'il n'a cessé d'être, Marx estimait que le mouvement du capitalisme, sa dialectique, sa dynamique, sa nature, était de déboucher sans coup férir sur la révolution qui s'internationaliserait et verrait la fin du capitalisme. Lire ou relire le *Manifeste du parti communiste*. Parlant de la bourgeoisie, il écrit en effet : « Ce qu'elle produit avant tout, ce sont ses propres fossoyeurs. Son élimination et le triomphe du prolétariat sont également inévitables [*sic*] » (Pléiade, *Œuvres économie*, I, 173)...

En moins d'un siècle d'expérimentation de cette théorie, l'histoire a tranché : les révolutions ne sont pas advenues naturellement, du fait mécanique du capitalisme, mais culturellement, avec un putsch militaire léniniste en Russie, putsch qui a généré une dictature métastasée dans nombre de pays de l'Est, avant l'effondrement et la mort... du marxisme-léninisme, et non du capitalisme.

Rappelons également que Tocqueville passe pour celui qui a prophétisé l'avènement de la démocratie sur un mode fataliste en expliquant qu'il en allait du mouvement naturel de la providence, tout en expliquant que, ce qu'il y aurait le plus à craindre dans l'avenir de la démocratie, ce serait « la tyrannie de la majorité » (II, 289) – voir le développement intitulé : *Que le plus grand danger des républiques américaines vient de l'omnipotence de la majorité, I, II, VII* !

Or, ce qui fait la loi aujourd'hui, d'abord aux États-Unis, puis en France, ça n'est pas la tyrannie du plus grand nombre, ce qui serait un moindre mal et découlerait du principe même de la démocratie définie comme la forme politique qui donne la puissance à la majorité, c'est la tyrannie des minorités. La majorité doit aujourd'hui courber l'échine devant les minorités – ce qui est le signe de la fin de la démocratie et de l'avènement d'une franche oligarchie.

Voici donc nos deux prophètes au pied du mur : Marx n'est pas plus un antidote à Tocqueville que l'auteur de *L'Ancien Régime et la Révolution française* (1856) ne l'est à celui du *Capital* (1867). Le capitalisme n'est pas mort, Marx a eu tort – la chute du Mur de Berlin témoigne ; la démocratie n'a pas débouché sur la tyrannie de la majorité, mais sur son contraire – le politiquement correct en atteste...

*De la démocratie en Amérique* s'ouvre très vite sur la question des Indiens et, sur ce sujet, Tocqueville évacue ce qui le gêne : il y avait des Indiens sur le sol américain quand arrivent les colons venus d'Europe et ces catholiques austères et sévères n'ont rien à redire à contribuer à la disparition des habitants du lieu.

Racontant la géographie de ce pays, ses fleuves et ses montages, ses forêts primitives et ses géologies, Tocqueville écrit que ces terres « n'étaient pas cependant privées de la présence de l'homme ; quelques peuplades erraient depuis des siècles sous les ombrages de la forêt ou parmi les pâturages de la prairie » (II, 24). Il comprend bien que ces peuplades errantes, nomades, participent d'un même peuple, d'une même race : « ces sauvages avaient entre eux des points de ressemblance qui attestaient leur commune origine » (*id.*).

Avant de poursuivre sa description, il ajoute : « Mais, du reste, ils différaient de toutes races connues : ils n'étaient ni blancs comme les Européens, ni jaunes comme la plupart des Asiatiques, ni noirs comme les Nègres ; leur peau était rougeâtre, leurs cheveux longs et luisants, leurs lèvres minces et les pommettes de leurs joues très saillantes. Les langues que parlaient les peuplades sauvages de l'Amérique différaient entre elles par

45

les mots, mais toutes étaient soumises aux mêmes règles grammaticales. Ces règles s'écartaient en plusieurs points de celles qui jusque-là avaient paru présider à la formation du langage parmi les hommes » (II, 24-25). Il découvre des Peaux-Rouges aux pommettes proéminentes qui, de tribu en tribu, peuvent parler des idiomes différents, mais sont tous reliés à une même grammaire. Voilà qui fait un peuple...

Tocqueville utilise le mot « sauvage » ; il n'aura de cesse dans toute son œuvre de faire jouer ce mot dans une perpétuelle tension entre le sauvage, le barbare, le Peau-Rouge, l'Indien, l'Iroquois, le Cherokee, les Chippeways, le Huron, les Sauteurs et le Blanc, l'Européen, le catholique, le « pionnier » (I, 372), le « conquérant » (II, 373), l'« émigrant » (I, 374), le « civilisé » (I, 390) donc.

Tocqueville continue sa présentation des Indiens. Il estime qu'ils n'ont aucun sens du bien et du mal ; malgré tout, il constate : qu'ils ignorent le vol ; qu'ils sont ignorants et pauvres, mais égaux et libres ; que, épargnés par le matérialisme de la civilisation, ils manifestent « une sorte de politesse aristocratique » (II, 26) ; qu'ils sont « doux et hospitaliers dans la paix, impitoyables dans la guerre, au-delà même des bornes connues de la férocité humaine » (*id.*), ce qui fait qu'ils peuvent aussi bien donner le peu qu'ils ont à un étranger affamé que déchiqueter leurs prisonniers de leurs propres mains ; qu'ils montrent un courage ferme, des âmes orgueilleuses, un intraitable amour de l'indépendance ; qu'ils n'ont ni peur ni envie des Européens qui abordent leur terre ; qu'ils vivent sans besoin, souffrent sans se plaindre et meurent en chantant ; qu'ils croient à l'existence d'un monde meilleur, qu'ils adorent « sous différents noms le Dieu créateur de l'univers » (II, 27) ; que « leurs notions sur les grandes vérités intellectuelles étaient en général simples et philosophiques » (*id.*) – voilà beaucoup de vertus simples et sobres, franches et vraies pour des gens qui ignoreraient le bien et le mal...

Ces Indiens ont des ancêtres et l'archéologie témoigne de leur enracinement très ancien. Sur les lieux qu'ils ont occupés de la façon la plus ancienne, on a en effet retrouvé des monticules avec des ossements humains, mais aussi « des instruments étranges, des armes, des ustensiles de tous genres faits d'un métal, ou rappelant des usages ignorés des races actuelles » (*id.*). Les Indiens contemporains de Tocqueville, pas plus que ceux que les premiers Européens ont rencontrés dès leur arrivée trois siècles plus tôt, n'ont pas été capables de dire quoi que ce soit sur ces peuplements originaires, écrit-il. Tout cela témoigne en faveur d'un enracinement plusieurs fois séculaire d'un peuple autochtone.

Que conclut Tocqueville de la présence de ces indigènes depuis si longtemps ? Rien qui ne fasse songer à un commentaire empathique. C'est même tout l'inverse. Il écrit en effet : « Quoique le vaste pays qu'on vient de décrire fût habité par de nombreuses tribus d'indigènes, on peut dire avec justice [*sic*] qu'à l'époque de la découverte il ne formait encore qu'un désert. Les Indiens l'occupaient, mais ne le possédaient pas [*sic*]. C'est par l'agriculture que l'homme s'approprie le sol, et les premiers habitants de l'Amérique du Nord vivaient du produit de la chasse. Leurs implacables préjugés, leurs passions indomptées, leurs vices, et plus encore peut-être leurs sauvages vertus, les livraient à une destruction inévitable [*sic*]. La ruine de ces peuples a commencé du jour où les Européens ont abordé sur leurs rivages ; elle a toujours continué depuis ; elle achève de s'opérer de nos jours. La Providence, en les plaçant au milieu des richesses du nouveau monde, semblait ne leur en avoir donné qu'un court usufruit ; ils n'étaient là, en quelque sorte, qu'*en attendant*. Ces côtes, si bien préparées pour le commerce et l'industrie, ces fleuves si profonds, cette inépuisable vallée du Mississippi, ce continent tout entier, apparaissaient alors [*sic*] comme le berceau encore vide d'une grande nation » (II, 28). Voici quel est le premier chapitre de la *Démocratie en Amérique*. On croit rêver...

C'est, on le sait, un projet providentiel qui a placé là les Indiens *en attendant* (l'artifice typographique de l'italique est de Tocqueville...) l'arrivée des Européens. Les barbares attendaient donc l'heure de la venue de ceux qui les chassent de chez eux en les poussant sans cesse vers l'ouest, eux et le gibier, jusqu'à ce qu'ils parviennent au Pacifique, ce qui signera le moment de leur disparation de la planète.

Tocqueville fait donc sien le vieux schéma chrétien d'une philosophie de l'histoire dont le fin mot est la Providence. Il écrit : « Il n'est pas nécessaire que Dieu parle lui-même pour que nous découvrions des signes certains de sa volonté ; il suffit d'examiner quelle est la marche habituelle de la nature et la tendance continue des événements ; je sais, sans que le Créateur élève la voix, que les astres suivent, dans l'espace, les courbes que son doigt a tracées » (II, 7). Et ce doigt de Dieu est celui qui écrase les Indiens comme des cafards parce qu'il faut que la barbarie disparaisse afin que la civilisation advienne. Or, la civilisation, en Amérique comme partout ailleurs sur la planète, c'est la démocratie...

Mais qu'est-ce qu'une démocratie dont le péché originel consiste à sacrifier le peuple qui habitait la terre sur laquelle les colons viennent imposer leur loi ? Est-ce une démocratie, la nation qui a détruit les hommes qui peuplaient cette terre qu'elle se contente d'acheter formellement à l'aide de quelques billets avec lesquels les Indiens vont s'offrir les produits qui les aliènent et que leur vendent les Blancs : des fusils pour chasser et rapporter les peaux avec lesquelles ils commercent, de ridicules habits d'Occidentaux qu'ils portent en dépit du bon sens, mais aussi, et surtout, l'alcool dont ils ignoraient l'existence avant l'arrivée des Blancs et qui va tuer plus discrètement que de francs massacres ?

C'est la Providence qui alcoolise les Indiens jusqu'à en faire des alcooliques – ou les Blancs ? C'est la Providence qui veut infantiliser ce peuple en lui vendant de la verroterie et en échangeant ses fourrures contre de la bimbeloterie – ou les Blancs ? C'est la Providence qui fait écrire à Tocqueville dans ses carnets de voyage que les Indiens ont tellement le sens de l'hospitalité qu'ils donnent leur nourriture aux Blancs dans le désert et que, « malheureusement [*sic*], on ne les trompe pas [*sic*] aussi facilement sur le prix des marchandises » (I, 159) – ou les Blancs en général et ce Blanc venu de France en particulier ?

Si c'est la Providence, alors c'est un drôle de Dieu que celui qui voudrait humilier, abuser, ridiculiser, détruire, abolir un peuple ; et si ça n'est pas la Providence, le doigt de Dieu, alors c'est la main des hommes. Que Tocqueville n'ait pas conduit sa pensée jusqu'à ce degré élémentaire de réflexion navre au plus haut point...

Car Tocqueville n'a pas pensé la cause indienne avec des livres, en professeur qui, tel Marcel Mauss, a écrit sur les pouvoirs magiques dans les sociétés australiennes, sur la mythologie des Indiens Pueblo, sur les cultes tribaux du Bas-Niger, sur le folklore de l'Inde septentrionale, sur la magie en Malaisie, sur les rites funéraires en Chine, sur les variations saisonnières chez les Esquimaux, sur la mort en Nouvelle-Zélande, sans jamais avoir quitté son bureau de Paris ! C'est le même Marcel Mauss qui a également publié un *Manuel d'ethnologie* qui explique comment on devient ethnologue (sans jamais aller sur le terrain) et qui fait toujours autorité en France...

Précisons en effet que *De la démocratie en Amérique* doit être lu en regard des écrits publiés sous le titre *Voyage en Amérique*. On y voit en effet que le texte théorique procède d'un véritable voyage qui engage le corps dans le paysage et de rencontres que Tocqueville restitue sous forme de dialogues afin de disposer de documents lui permettant d'écrire une fois rentré en France. Derrière chaque idée du livre se trouve donc une enquête sur le terrain.

En généalogie à cette pensée, on trouve des heures de cheval, des rencontres de serpents à sonnette, des traversées de forêts primaires avec leurs immenses futaies, des nuits ravagées par les moustiques, des rivières franchies à la nage, du canotage sur des fleuves, des découvertes de huttes dans des clairières ou des maisons abandonnées, des marches dans des herbes hautes où les deux amis qui voyagent ensemble se perdent, des paysages, mais aussi des villages dont certains avaient « beaucoup de ressemblance avec la Basse-Normandie » (I, 147), dans un endroit il écrit même : « on dirait un village des environs de Caen ou d'Évreux » (I, 367), des parties de chasse, des descentes de rapides – et des Indiens.

Dans ses carnets, mais aussi dans son ouvrage majeur, on retrouve des scènes qui devraient marquer l'âme de Tocqueville au fer rouge, lui qui se dit chrétien. Au lieu de cela, aucune marque écarlate, rien, pas un mouvement de cil qui montrerait le cœur et le ventre du philosophe. Son âme est sèche comme la peau d'une momie.

Il a interrogé un prêtre catholique qui a évangélisé les Indiens à l'Arbre-Croche. Que lui dit-il ? Qu'ils ont été christianisés par les jésuites cent cinquante ans plus tôt ; qu'ils respectent encore les Robes-Noires, autrement dit les fidèles d'Ignace de Loyola ; qu'ils ressemblent aux Spartiates avec leur style court, bref et éloquent ; qu'ils sont les plus doux des hommes en temps de paix et les plus féroces en temps de guerre ; qu'ils scalpent morts et blessés parmi leurs ennemis ; qu'ils se peignent d'une façon inquiétante pour d'effroyables danses ; qu'entre eux, réunis en cercle, ils pratiquent une politique de la concertation avec prises de parole calmes et sereines, écoutes bienveillantes et décisions prises ensemble à l'issue des débats ; que les chefs héritent de la fonction, mais qu'on les démet en cas de crimes honteux ; qu'ils pratiquent avec ferveur quand ils sont convertis ; qu'ils adoptent alors une vie très chrétienne.

Tocqueville rencontre également des Canadiens qui commercent avec les Indiens ; il les interroge sur ce qu'ils sont. Qu'apprend-il des Hurons et des Iroquois ? Qu'ils sont à demi détruits ; qu'ils ne sont pas voleurs ; qu'ils sont d'autant plus heureux et meilleurs qu'ils n'ont pas de contacts avec les Européens ; qu'avec eux il y a d'autant plus d'ordre et de gouvernement qu'on avance dans le désert ; qu'ils ont un chef qui a hérité de la chefferie, mais qu'ils nomment le plus courageux et le plus brave d'entre eux pour en faire un chef en temps de guerre ; que le chef est très respecté et obéi ; qu'ils livrent le criminel à la famille du tué qui fait justice elle-même – elle peut donc aussi bien tuer que gracier ; qu'on enterre le tueur avec le tué dans le cas où la peine de mort aurait été choisie ; qu'ils ne cultivent pas la terre, car ils ne sont pas agriculteurs, mais chasseurs, pêcheurs et cueilleurs ; qu'ils sont peu habillés ; qu'ils chassent un gibier abondant avec des arcs ; que la civilisation fait fuir le gibier vers l'ouest et qu'ils doivent parfois se mettre à cultiver un peu de terre, sinon qu'ils suivent les animaux sauvages dont ils vivent ; qu'ils sont insoucieux de l'avenir ; qu'ils semblent être trois millions, mais que personne ne se soucie de leur disparition ; qu'ils aiment les Français et parlent leur langue.

Le philosophe s'entretient également des Indiens avec un major. Que lui dit-il de nouveau ? Qu'ils ne se plieront jamais à la civilisation ; qu'ils n'aiment pas le travail ; que leurs préjugés les retiendront toujours dans la barbarie ; qu'ils ne veulent pas ressembler aux Européens ; qu'ils considèrent le travail comme une honte ; qu'ils méprisent et dédaignent les bienfaits de la civilisation ; que, dans le plus rigoureux des froids, habillés d'une simple couverture, ils regardent avec pitié les Blancs emmitouflés dans leurs manteaux et leurs fourrures ; qu'ils ne voient pas l'intérêt de construire une maison quand un tipi protège comme il faut des intempéries et des bêtes ; qu'ils ne comprennent pas pourquoi il faudrait se faire agriculteur quand la chasse et la cueillette suffisent pour nourrir les siens ; que « le caractère indien est *inconquérable* » (I, 50) – il en veut pour preuve l'anecdote concernant le fils d'un chef indien ayant été placé dans les meilleures écoles de Blancs jusqu'à l'âge de vingt ans, âge auquel il est reparti dans la forêt. Quand la guerre est arrivée entre les Anglais et les Américains, il a combattu dans les rangs américains ; on lui avait interdit de scalper ses victimes, ce qu'il n'a pu s'empêcher de faire avant de cacher son butin sous sa veste.

Dans une note datée du 6 juillet 1831, à Utica, placide, froid, imperturbable, flegmatique, impassible, Tocqueville raconte... comment la Providence se manifeste : l'Européen avance comme un rouleau compresseur, Tocqueville parle alors pour une fois des « colons » (I, 141) ; ceux-là détruisent tout ce qui leur résiste. Qu'on me permette une longue citation : « Les races indiennes se fondent en présence de la civilisation de l'Europe comme la neige aux rayons du soleil. Les efforts qu'elles font pour lutter contre leur destinée [*sic*] ne font qu'accélérer pour elles la marche destructive du temps. Tous les dix ans à peu près, les tribus indiennes qui ont été repoussées dans les déserts de l'Ouest s'aperçoivent qu'elles n'ont point gagné à reculer et que la race blanche s'avance plus rapidement encore qu'elles ne se retirent. Irritées par le sentiment même de leur impuissance, ou enflammées par quelque nouvelle injure, elles se rassemblent et fondent impétueusement sur les contrées qu'elles habitaient jadis, et où s'élèvent maintenant les habitations des Européens, les cabanes rustiques des pionniers et plus loin les premiers villages. Elles parcourent le pays, brûlent les habitations, tuent les troupeaux, enlèvent quelques chevelures. La civilisation recule alors, mais elle recule comme le flot de la mer qui monte ; les États-Unis prennent en main la cause du dernier de leurs colons ; la Confédération déclare la guerre à ces misérables peuplades (arguant que ces misérables peuplades ont violé la loi des nations). Une armée américaine régulière marche alors à leur rencontre, non seulement le territoire américain est reconquis, mais les Blancs, poussant les sauvages devant eux, détruisant leurs villages et prenant leurs troupeaux, vont pousser l'extrême limite de leurs possessions cent lieues plus loin qu'elle n'était placée. Privés de leur nouvelle patrie adoptive par ce qu'il a plu à l'Europe savante et éclairée d'appeler le *droit* de la guerre, les Indiens reprennent leur marche vers l'ouest, jusqu'à ce qu'ils fassent halte dans quelques nouvelles solitudes où la hache du Blanc ne tardera pas à se faire entendre de nouveau. Dans le pays qu'ils viennent de saccager et désormais à l'abri de l'invasion, s'élèvent de riants villages qui bientôt (l'habitant du moins en a la conscience) formeront de populeuses cités. Marchant en avant de l'immense famille européenne dont il forme comme l'avant-garde, le pionnier s'empare à son tour des forêts récemment habitées par les sauvages. Il y bâtit sa cabane rustique, et attend que la première guerre lui ouvre le chemin vers de nouveaux destins » (I, 142). On se frotte les yeux devant le silence de Tocqueville qui se contente d'un rapport de médecin légiste sans avis...

Le silence, mais aussi ce qui se dit à la faveur de l'emploi d'un mot plutôt que d'un autre : car Tocqueville parle bien dans cette note de la « destinée » des peuplades indiennes. Quelle est cette destinée ? Fondre comme neige au soleil, autrement dit : disparaître. Les Indiens sont appelés par la Providence à mourir ; et ce sont les colons blancs et chrétiens, les civilisés, qui ont été choisis par Dieu pour mener à bien ce nettoyage ethnique, pour utiliser un vocabulaire contemporain, ou cet ethnocide des sauvages pour le dire dans des mots plus anciens. Variation catholique sur le peuple élu.

Dans cet ordre d'idées, la « guerre » paraît au philosophe un recours contre lequel il n'a rien à dire : les Blancs envahissent une terre peuplée par les Indiens ; ils imposent leur loi parce qu'ils possèdent les armes à feu, les fusils et les canons, l'alcool et l'argent ; ils dépossèdent les Indiens des terres sur lesquelles les ancêtres de leurs ancêtres vivaient ; ils matent la rébellion parce qu'ils disposent du monopole de la contrainte légale : l'État, c'est eux ; ils profitent de ces guerres pour augmenter leur espace vital ; ils accélèrent alors le processus d'éradication des Indiens : mais ils se contentent de faire ce que Dieu exige d'eux. Les premières pages de la *Démocratie en Amérique* le disent clairement : « le bras de Dieu » (II, 9) arme ceux qui travaillent à réaliser sa volonté. Et la volonté du Dieu de Tocqueville est ethnocidaire.

Lors de son voyage, Tocqueville a également vu des Indiens dans des villes. Dans l'un de ses Cahiers, il raconte de terribles scènes : à Oneida Castle, il les voit mendier ; à Buffalo, il les trouve laids, alcooliques, ivrognes, brutaux, « plus horribles que les populations également abruties de l'Europe. De plus quelque chose de la bête fauve. Contraste de la population morale et civilisée au milieu de laquelle elle se trouve » (I, 150), il juge que les hommes ressemblent aux paysans français – et l'on imagine ce que cela peut bien signifier dans l'esprit de cet aristocrate bien né ; lui qui ne refuse pas les galantes compagnies, il écrit : « pas une Indienne passable » (I, 150).

Sur son chemin, il croise d'autres Indiens. C'est l'occasion, grâce au truchement d'un Blanc qui parle leur langue, de continuer son enquête. Son aveuglement est tel qu'il commet un paralogisme qui ne devrait pas résister à une relecture – or, il résiste à la relecture...

Le voici : Tocqueville écrit à la fois : « N'ont point de religion » (I, 159), et : « Croient cependant [*sic*] à un dieu auteur du bien, un génie auteur du mal, un autre monde où l'on joue toujours » (*id.*). Pourquoi ce « cependant » ? Car à quoi croit donc monsieur le comte quand il s'en va dans la petite église catholique de son village et qu'il prie son Dieu auteur du Bien, mais cette fois-ci avec une majuscule ? Quel est donc ce Diable, auquel il doit également croire, si ce n'est un génie auteur du mal ? Pense-t-il qu'imaginer qu'un serpent parle montre un degré supérieur d'élévation dans la civilisation que d'imaginer tout bonnement un génie du mal ? Et qu'est-ce que le paradis enseigné par le curé de Valognes, si ce n'est un jardin dans lequel on joue tout le temps ? C'est l'Hôpital catholique qui se moque de la Charité indienne ! Son « cependant » aurait mérité une petite note...

Un peu plus tard, dans un autre village, il ajoute à ses considérations concernant la non-religion des Indiens : « Point de religion. La croyance de Dieu et d'un autre monde où ceux qui auront mal vécu auront à chasser dans des forêts sans gibier. Les autres dans des forêts pleines de gibier » (I, 163).

Même remarque, même paralogisme : qu'est-ce qu'une religion sinon une vision du monde qui explique que ce monde-ci n'a de sens qu'en relation avec un arrière-monde que les chrétiens nomment paradis, enfer ou purgatoire ? Imaginer le paradis comme une forêt giboyeuse et l'enfer comme une sylve sans bêtes n'est pas plus sot que, comme Dante, de croire que dans le Paradis on danse et on chante en pleine lumière et que, dans l'Enfer, on y brûle sans fin.

Plus loin encore, Tocqueville écrit : « Religion [*sic*] des Indiens. Dieu, immortalité de l'âme. Le paradis indien. Obéir à ses commandements » (I, 165). Il semble qu'avec le temps il consent à voir dans la spiritualité indienne de quoi penser en termes comparatistes afin de conclure tout de même à l'existence d'une religion et de la nommer avec le vocabulaire ressortissant à la théologie chrétienne. Mais, ne rêvons pas, Tocqueville n'ira pas plus loin.

Tocqueville rencontre un homme qui a connu Red-Jacket, que le philosophe ne craint pas, en ce

19 juillet 1831, de présenter comme « un de ces hommes qu'on peut appeler l'un des derniers Indiens » (I, 215) ! Ce qui en dit long sur son aveuglement concernant ce peuple qui, rappelons-le, existe toujours à l'heure où j'écris – même si l'état dans lequel il se trouve aujourd'hui mériterait un livre à soi seul.

Red-Jacket parlait la langue des colons, mais refusait d'y recourir ; il s'opposait au colonialisme et au christianisme qui l'accompagne ; il luttait pour que les siens ne se soumettent pas au régime imposé par les Européens ; il parlait avec merveille et recourait à l'ironie ; il entreprend les chrétiens blancs sur la Bible et demande pourquoi, au nom de ce livre qui prêche l'amour du prochain, ils justifient le vol des troupeaux et des terres des Peaux-Rouges.

L'homme qui échange avec Tocqueville, M. Spencer, rapporte une anecdote intéressante : il fut juge dans une affaire qui opposait un Indien présumé coupable de l'assassinat d'un Blanc ; Red-Jacket est son défenseur et gagne le procès. À l'issue de l'audience, il se rend près du juge et lui dit : « "Sans doute mon frère (il parlait de l'accusé) t'avait fait jadis une grande injure." Je lui répondis qu'avant son crime, je ne savais pas qu'il existât. " Je comprends, reprit Red-Jacket ; le Blanc qu'on a tué était ton frère et tu voulais le venger." Je cherchai encore à le désabuser et à lui faire comprendre la nature de mes fonctions. Red-Jacket après m'avoir écouté attentivement me demanda si les anciens de mon peuple me payaient pour faire ce que je venais de lui expliquer. Je lui dis que oui. Alors, feignant d'éprouver la plus vive indignation, il s'écrira : "Quoi ! Non seulement tu voulais tuer mon frère qui ne t'avait jamais fait de mal, mais tu avais vendu son sang d'avance !" Je confesse, ajoute M. Spencer, que je demeurai tout étourdi de l'apostrophe » (I, 216). Tocqueville, quant à lui, n'a pas du tout semblé concerné par la remarque. Qui est le barbare ? Où est le sauvage ? Quel est le civilisé ?

Concluons sur une dernière description. Tocqueville est à Oneida Castle et des Indiens suivent sa voiture quand il arrive pour mendier quelques pièces ou petits objets. Il avoue qu'il attendait un bon sauvage tel qu'il se l'était imaginé après la lecture de l'*Atala* de son parent Chateaubriand ou du *Dernier des Mohicans* de Fenimore Copper – des Indiens chevaleresques, guerriers, chasseurs, virils, vertueux.

Au lieu de cette carte postale littéraire, il découvre de petits hommes frêles et grêles, moins peaux-rouges que peaux brunes, presque « Nègres » (I, 218), aux cheveux longs ; « leur bouche était démesurément grande, et l'expression de leur figure ignoble et méchante » (*id.*) ; ils semblent dépravés par les abus de la civilisation – pourquoi ne pas parler d'alcool ? ; « il se mêlait aux vices qu'ils tenaient de nous quelque chose de barbare et d'incivilisé qui les rendait cent fois plus repoussants encore » (*id.*) ; ils portent des vêtements européens, mais les hommes ont des robes de femmes et les femmes des chapeaux d'hommes ; « au premier abord [*sic*] on eût été tenté de ne voir dans chacun d'eux qu'une bête des forêts à laquelle l'éducation avait bien pu donner quelque chose d'apparence de l'homme, mais qui n'en était pas moins resté un animal » (*id.*). Et au deuxième abord ? Il n'y aura pas de deuxième abord...

Les Blancs achètent une bouchée de pain les terres qu'ils confisquent aux Indiens ; avec cet argent, ceux-ci se procurent de l'alcool que vendent ceux qui viennent de leur donner de la menue monnaie ; avec cet alcool, les Indiens se détruisent – ils paient donc de leur vie la vente de leur terre. Cette eau-de-vie est une eau-de-mort. Tocqueville ne trouve rien à redire à cette entreprise de démolition d'un peuple. Une fois encore : qui sont les barbares ? Ceux qui boivent pour oublier leur misère ou ceux qui font boire pour faire oublier la misère qu'ils infligent ? Par son silence, le philosophe campe aux côtés de ceux qui font boire.

Tocqueville rapporte ensuite des scènes terribles : une femme ivre morte qui se roule par terre en poussant d'effroyables cris ; un Indien, lui aussi dans un coma éthylique, dont le philosophe nous dit qu'il va mourir si rien n'est fait. Une femme s'approche de lui et l'appelle par son nom ; il ne réagit pas ; elle s'assure qu'il est encore vivant, il l'est ; elle entre alors en colère et le bourre de coups : « elle lui frappait la tête contre le sol, lui tortillait le visage avec ses mains, le foulait aux pieds. En se livrant à ces actes de férocité, elle poussait des cris inarticulés et sauvages que je crois entendre encore retentir à mes oreilles à l'instant où j'écris ces lignes » (I, 219). Tocqueville lui demande d'arrêter et de partir ; elle arrête et part. Le philosophe part aussi...

Certes, Tocqueville avertit d'autres hommes du danger que court l'Indien ivre ; mais personne ne bouge : soit il s'en sortira, et alors il n'y a aucun problème ; soit il mourra, et il n'y a pas non plus de problème... Tocqueville d'écrire alors : « Au milieu de cette société américaine si policée, si sentencieuse, si charitable, il règne un froid égoïsme et une insensibilité complète, lorsqu'il s'agit des indigènes du pays. Les Américains des États-Unis ne font pas chasser les Indiens par leurs chiens comme les Espagnols au Mexique, mais au fond c'est le même sentiment impitoyable qui anime ici comme partout ailleurs la race européenne. "Ce monde-ci nous appartient, se disent-ils tous les jours, la race indienne est appelée à une *destruction finale* [c'est moi qui souligne cette expression qui en rappelle une autre...] qu'on ne peut empêcher et qu'il n'est pas à désirer retarder. Le ciel ne les a pas faits pour se civiliser, il faut qu'ils meurent. Du reste je ne veux point m'en mêler. Je ne ferai rien contre, je me bornerai à leur fournir tout ce qui doit précipiter leur perte. Avec le temps j'aurai leurs terres et serai innocent de leur mort." Satisfait de son raisonnement, l'Américain s'en va dans le temple où il entend un ministre de l'Évangile répéter chaque jour que tous les hommes sont frères et que l'Être éternel qui les a tous faits sur le même modèle leur a donné à tous le devoir de se secourir » (I, 219-220).

Et Tocqueville, en quoi se distingue-t-il, lui, de ces Américains dont il décrit si bien le cynisme, la morgue, l'obscénité ? Qu'a-t-il dit, écrit, publié contre ? A-t-il, dans sa *Démocratie en Amérique*, conclu qu'il ne saurait y avoir de démocratie quand elle se fonde sur l'extermination de tout un peuple ? Il n'a rien dit de semblable. Tocqueville ne se distingue nulle part du « raisonnement » américain qu'il paraît déplorer…

Au contraire. *De la démocratie en Amérique* s'ouvre en fanfare sur cette profession de foi bigote : « Le développement graduel de l'égalité des conditions est donc un fait providentiel, il en a les principaux caractères : il est universel, il est durable, il échappe chaque jour à la puissance humaine ; tous les événements, comme tous les hommes, servent à son développement » (IIII, 7). Y compris le massacre des Indiens ? a-t-on envie de demander à Tocqueville. Oui, répond toute son œuvre : y compris le massacre des Indiens. Familier de la négativité chez Hegel, Marx pensait de même. L'un et l'autre n'étaient pas économes des flots de sang versés par les autres – puisqu'il y allait de la réalisation de la Raison et de l'Idée dans l'Histoire…

Peu de temps avant son séjour aux États-Unis, *le 24 février 1831*, le traité de Dancing Rabbit Creek a été signé par le président des États-Unis : il prévoit la déportation des Indiens Choctaws vers l'ouest. 13 000 d'entre eux quittent tout et partent dans le désert. La famine et le choléra déciment les déportés qui meurent par milliers. 7 000 Indiens qui ne sont pas partis décident de rester.

*Le 18 mars*, les Cherokees intentent un procès à l'État de Géorgie ; la Cour suprême décide que les Amérindiens sont « des nations internes et dépendantes » ; elle annonce que les terres de ces peuples seront confisquées, leurs maisons brûlées, leurs écoles fermées, leurs femmes molestées, leurs journaux interdits, leur gouvernement dissous et qu'ils sont déportés vers l'ouest du Mississippi ; les Indiens ne recourent pas à la violence. Sur cette question, on peut lire dans *De la démocratie en Amérique* que le gouvernement américain se propose ainsi « d'adoucir leur sort » ; voilà pourquoi, « dans ce but, il a entrepris de les transporter à ses frais dans d'autres lieux » (II, 389). Encore heureux que ces déportations ne soient pas facturées aux Indiens...

De même, peu de temps après son départ, *le 3 mars 1832*, les Indiens gagnent un procès contre l'État de Géorgie : ils ont bel et bien des droits sur les terres qu'ils occupent ; ces droits sont protégés par le gouvernement fédéral contre l'État – Tocqueville y aurait vu un signe de démocratie... Mais le président des États-Unis ne l'entend pas de cette oreille et refuse d'appliquer l'arrêt de la Cour. De 1838 à 1839, 20 000 Indiens sont déportés.

Après avoir estimé que les Blancs n'ont pas avec les Indiens la cruauté que les Espagnols avaient avec les populations précolombiennes, Tocqueville écrit sans vergogne : « La conduite des Américains des États-Unis envers les indigènes respire au contraire le plus pur amour des formes et de la légalité. Pourvu que les Indiens demeurent dans l'état sauvage, les Américains ne se mêlent nullement de leurs affaires et les traitent en peuples indépendants ; ils ne se permettent point d'occuper leurs terres sans les avoir dûment acquises au moyen d'un contrat ; et si par hasard une nation indienne ne peut plus vivre sur son territoire, ils la prennent fraternellement [*sic*] par la main et la conduisent eux-mêmes mourir hors du pays de ses pères » (II, 393). Plus cynique que cela, tu meurs...

Tocqueville a donc longuement rencontré la misère indienne ; il a bien vu, puisqu'il l'a décrite par le menu, il sait vraiment à quoi elle ressemble : spoliations, déchéance, dégénérescence, alcoolisme, dégradations, humiliations, destructions, dévastations, désolations, persécutions, guerre. Malgré sa connaissance de tout cela, il ne manifeste aucune empathie et ne remet pas du tout en cause sa théorie de la Providence comme moteur de l'Histoire ! Les hommes sont d'« aveugles instruments dans les mains de Dieu » (II, 7), dit-il ; il entre donc dans le dessein divin de supprimer les Indiens de la planète pour le bien de la race blanche ! Dieu veut la civilisation ; il ne veut donc pas de la sauvagerie et de la barbarie que Tocqueville associe aux Indiens.

Dès lors, si les Blancs viennent d'Europe et débarquent de leurs bateaux à l'est de l'Amérique ; s'ils s'imposent avec leurs fusils et leurs moteurs, leurs haches et leurs chevaux ; s'ils chassent vers l'ouest le gibier des territoires qui leur sont naturels depuis des millénaires ; s'ils empoisonnent tout un peuple avec de l'alcool ; s'ils pourchassent en même temps les Indiens qui vivaient de ce gibier prélevé pour leur subsistance et les contraignent à ce mouvement vers l'ouest ; si les indigènes, les bêtes et les hommes, doivent aller jusqu'à l'océan Pacifique parce que c'est là que leur destin s'accomplira ; si l'accomplissement de ce destin suppose l'anéantissement d'une faune, d'une flore, d'écosystèmes, mais aussi et surtout de peuplades qui sont là depuis des millénaires – s'il y a tant de misère pour les barbares, c'est que Dieu l'a voulu pour le bien des civilisés ! Dieu veut scalper les Indiens, c'est la leçon que je retire de la lecture de la *Démocratie en Amérique*.

Il existe aujourd'hui un nom pour cette vilenie : c'est celui d'ethnocide. Tocqueville n'a pas eu un mot contre, ce silence me glace ; il a même eu des mots pour, ces paroles m'effraient. Qu'est-ce qu'un philosophe qui, hier ou aujourd'hui, car il en existe encore de cette engeance, consacre toute son intelligence à justifier l'injustifiable : les spoliations et les humiliations du colonialisme, les carnages et les charniers des guerres coloniales, la véritable barbarie d'un ethnocide ?

J'entends déjà l'objection parmi les inconditionnels de Tocqueville : il ne faudrait pas penser avec les catégories d'aujourd'hui une situation qui relève du début du XIX$^e$ siècle ; il en irait d'un anachronisme digne d'une montre à quartz portée par Ben-Hur dans le film homonyme. Certes, certes...

Précisons que je ne demande pas qu'on lise Tocqueville avec les lunettes contemporaines de la montre à quartz de Ben-Hur, mais avec les très anciennes que portait Montaigne quand il écrivait son sublime *Des cannibales* intégré dans le premier livre de ses *Essais* – autrement dit : en 1580. C'est dans ce chapitre magistral qu'on peut lire : « Chacun appelle barbarie ce qui n'est pas de son usage » (I, 31, 205). Et Montaigne de justifier jusqu'à leur cannibalisme, ce qui, convenons-en, va plus loin que la tradition du scalp en temps de guerre qui semble à Tocqueville un signe certain de leur incurable barbarie.

Un siècle et demi sépare ce texte de Montaigne des considérations de Tocqueville sur les Indiens. Il ne saurait donc être question de justifier les pensées du philosophe libéral sur ce sujet. En faire un homme qui, comme tous les autres, serait victime des préjugés de son temps, c'est le sortir de la communauté des philosophes, car, pour mériter d'y figurer, il faut s'affranchir des dogmes et des mythes, des fables et des histoires, des sottises et des billevesées de son temps. Sur ce sujet, comme sur celui des « Nègres », puis des Algériens, on va le voir, Tocqueville se montre très en deçà de Montaigne.

# 2

# Le nègre, une race
# faite pour servir

**Suite de la lecture du Voyage en Amérique
(1831-1832).**
**Suite de la lecture du De la démocratie
en Amérique *(1835 et 1840).***

> « Parmi ces hommes si divers, le premier qui attire
> les regards, le premier en lumière, en puissance, en
> bonheur, c'est l'homme blanc, l'Européen, l'homme
> par excellence ; au-dessous de lui paraissent le
> Nègre et l'Indien. »

*De la démocratie en Amérique* (II, 368).

Quand, revenu de sa lecture de Chateaubriand et
de Fenimore Cooper, Tocqueville constate que les
Peaux-Rouges qu'il rencontre en chair et en os, et
non plus en papier, n'ont pas vraiment la peau
rouge et qu'elle ressemble même plutôt à celle
des nègres, on sent, on sait, on devine que ça
n'est pas un compliment.

Lors de son voyage en Amérique, le
5 octobre 1831, Tocqueville visite un hôpital de
sourds-muets à Hartford. Il y rencontre une petite

fille qui n'entend pas, ne voit pas, ne parle pas, mais qui se montre habile en couture et arbore un visage sur lequel, parfois, se dessine un sourire. Le philosophe se demande ce qui peut bien se passer dans la tête d'une enfant sourde, muette et aveugle pour que ces idées qui lui traversent l'esprit esquissent une émotion sur sa face. Il ajoute que, dans la lingerie, rien qu'en le sentant, elle sait distinguer son linge de celui des autres. C'est également de manière olfactive qu'elle appréhende l'arrivée d'un tiers.

On imagine que cette petite fille était blanche, et pourquoi pas blonde à la peau laiteuse, car Tocqueville poursuit sa note en écrivant : « il y a déjà eu trois ou quatre Nègres dans l'établissement ; on m'a assuré qu'on n'apercevait aucune différence entre leur intelligence et celle des Blancs » (I, 168). On ne saura rien de plus sur ce qui se passe également dans le cerveau du philosophe et sur les conditions d'écriture de cette pensée : est-ce lui qui a posé la question ? A-t-on précédé son désir sur ce sujet, ou s'est-on contenté de lui donner cette information parce que d'autres l'auraient demandée ou parce qu'il convient de s'interroger sur ce sujet afin de disposer de quelques éléments de réponse pour trancher sur l'égalité ou l'inégalité des races humaines si l'on veut parler avec les mots de Gobineau ? On le lui a assuré : un nègre sourd, muet et aveugle, pourvu qu'il ait un nez, semble renifler le monde comme un Blanc. Condillac peut être content... À la question : le nègre est-il un Blanc comme les autres, Tocqueville semble alors répondre oui...

Plus tard, discutant avec un quaker à Philadelphie, Tocqueville apprend qu'un nègre peut effectivement juridiquement voter aux élections, mais que, s'il s'avise de passer à l'acte en se rendant au bureau de vote, il sera maltraité. Et le philosophe, qui demande si l'on ne peut faire exécuter la loi à l'endroit de cet homme, s'entend répondre : « Les lois sont sans force chez nous lorsque l'opinion publique ne les appuie pas. Or le peuple est imbu des plus grands préjugés contre les Nègres et les magistrats ne se sentent pas la force de faire exécuter les lois qui sont favorables à ces derniers » (I, 173). Autrement dit : oui, la loi est du côté des nègres ; mais les préjugés du peuple sont tellement prégnants que les magistrats, on admirera la litote, *manquent de force* pour faire exécuter la loi ! Pauvres chéris...

Que dit Tocqueville ? Quel est son commentaire ? Quelles sont ses pensées sur ce sujet ? Il ne dit rien ; il ne commente pas ; il n'a pas d'idées. On le sait pourtant capable d'avis tranchés dans ses carnets quand il rapporte telle ou telle situation – quand, par exemple, il trouve les Indiens laids, sales, répugnants, ignorants, barbares, repoussants... Il aurait pu, dans cet esprit, et pour épouser l'hypothèse de son interlocuteur, trouver ces magistrats faibles et réprouver leur manque de force ; ou, plus philosophe, estimer qu'il n'est pas dans les attributions d'un magistrat de manquer soudain de force quand il s'agit de faire respecter la loi et qu'un nègre qui se trouverait au tribunal pour avoir manqué de respect à un Blanc ne disposerait probablement pas d'une pareille mansuétude !

Plus tard dans son voyage, à Baltimore, Tocqueville raconte un après-midi passé sur un champ de courses. Il écrit : « Un Nègre s'étant permis [*sic*] de s'introduire dans l'arène avec quelques Blancs, l'un d'entre eux lui a donné une volée de coups de canne, sans que ce fait ait paru surprendre ni la foule, ni le Nègre lui-même » (I, 174). Commentaires du narrateur ? Pas de commentaires...

On imagine que Tocqueville aurait pu, à cette occasion, faire son métier d'enquêteur et vérifier auprès de la personne molestée si elle était surprise ou si elle semblait ne pas l'être comme il le conclut un peu facilement. Tocqueville n'a pas cette démarche. Il se contente de supposer que l'homme battu ne trouve pas cela plus anormal que s'il ne l'avait pas été. Qu'est-ce que cela dit du Noir ? Qu'il est une bête – voire : moins qu'une bête, qui, elle, aurait pu riposter et se battre plutôt que de se faire battre.

Toujours à Baltimore, Tocqueville visite une maison de fous dans laquelle il rencontre « un Nègre dont la folie est extraordinaire. Il y a à Baltimore un célèbre marchand d'esclaves qui, à ce qu'il paraît, est très redouté de la population noire. Le Nègre dont je parle se figure voir jour et nuit cet homme attaché à ses pas et lui enlevant des portions de sa chair. Quand nous sommes entrés dans son cachot [*sic*], il était couché sur le pavé, et roulé dans une couverture qui était son seul vêtement. Ses yeux roulaient dans leurs orbites et l'expression de sa figure exprimait tout à la fois la terreur et la fureur. De temps en temps il jetait sa couverture et se soulevait sur ses mains en s'écriant : "Sortez, sortez, ne m'approchez pas." C'était un spectacle épouvantable. Cet homme est un des plus beaux Nègres que j'aie vus, il est dans la force de l'âge » (I, 176). Où l'on voit que Tocqueville peut commenter : comme le ferait un marchand d'esclaves, il estime le beau spécimen, et s'en va réjoui. Où est passé l'homme qui, en France, s'intéresse à l'amélioration des conditions d'incarcération de ses semblables et effectue ce voyage en Amérique, rappelons-le, pour enquêter sur la prison dans ce pays ?

Entre ces deux notes, le nègre frappé à l'hippodrome et celui qui gît dans un cul-de-basse-fosse, Tocqueville écrit sans sourciller dans son *Cahier portatif* : « Une des grandes raisons du maintien des mœurs en Amérique parmi tout ce qui n'est pas peuple, c'est l'esprit d'égalité qui y règne » (I, 173). On ne peut mieux dire qu'en Amérique l'égalité triomphe... entre égaux, dès que l'on a pris soin d'écarter de la mesure « tout ce qui n'est pas peuple », donc les Indiens, donc les nègres, donc les femmes, donc les enfants... On comprend alors que, s'il y a démocratie en Amérique, c'est seulement dans la mesure où l'on écarte du pays tout ce qui n'est pas blanc, homme, catholique.

Autre anecdote, elle procède d'un constat effectué dans une salle de spectacle de La Nouvelle-Orléans où Tocqueville est venu assister à la représentation d'une pièce de théâtre : « Étrange coup d'œil que représente la salle : première loge blanche ; seconde grise. Femmes de couleur, très jolies. Blanches au milieu d'elles, mais un reste de sang africain. Troisième loge noire. Parterre : nous nous croyons en France ; bruyant, tapageur, remuant, causeur, à mille lieues des États-Unis »

(I, 180). Quelle étrange conclusion ! Les États-Unis, ce ne sont pas la seule première loge, le paradis, avec un peu toutefois de la seconde, grise, qui serait le purgatoire, mais sans la dernière, noire, ou le parterre, pauvre, qui constitueraient l'enfer, mais toutes ces classes ! Que serait *la démocratie en Amérique* si elle ne concernait que la première classe des Blancs issus de l'Europe ?

Poursuivons la lecture des carnets de voyage. À la date du 27 septembre 1831 : « Dans le Massachusetts, les Noirs ont le droit de citoyen. Ils peuvent voter aux élections... mais le préjugé est si fort qu'on ne peut pas recevoir leurs enfants dans les écoles » (I, 243). Le préjugé a le dos large... Ce qu'il faut noter en présence d'une pareille information, c'est que la société est ségrégationniste, raciste et raciale, qu'elle pratique l'apartheid et qu'il en va moins d'un préjugé, qui est une faute d'appréciation mineure, que d'un péché originel pour une société qui se veut, se dit, se croit, se prétend démocratique.

Tocqueville accumule les notes : dans une prison de Philadelphie, les Noirs sont séparés des Blancs, de même, ils prennent leurs repas chacun de leur côté ; dans le cimetière, ils ne sont pas non plus enterrés les uns à côté des autres, il existe des quartiers pour chacun d'entre eux ; au Maryland, les Noirs paient la taxe des écoles, mais ne peuvent y envoyer leurs enfants (I, 244) ; au Massachusetts, le mariage entre un Blanc et un Noir n'est pas possible (I, 251).

Comment Tocqueville qui consacre un livre entier à examiner ce que sont les conditions de possibilité de *la démocratie en Amérique* peut-il tenir pour quantité existentielle et même méthodologique négligeable la question indienne et la question noire ? Que se passe-t-il dans sa tête pour qu'il écrive sans trembler : « Il y a mille raisons qui font supporter aux États-Unis la liberté républicaine, mais peu sont suffisantes pour expliquer le problème. *La société y a été bâtie sur table rase* [c'est moi qui souligne…]. On n'y voit ni vainqueur ni vaincu [*sic*], ni roturier ni noble, ni préjugés de naissance ni préjugés de profession, mais l'Amérique tout entière est dans ce cas et la république ne réussit qu'aux États-Unis » (I, 194) ?

Une république réussie, vraiment, le pays dans lequel on se demande si les Blancs et les Noirs sont aussi intelligents ? Une république réussie, vraiment, le pays dans lequel, sur le papier, on autorise les Noirs à aller voter tout en leur interdisant de se rendre au bureau de vote ? Une république réussie, vraiment, le pays dans lequel on moleste un Noir ayant eu l'impudence de se rendre à l'hippodrome ? Une république réussie, vraiment, le pays dans lequel on laisse mourir, nu sous une couverture, dans un cachot, un Noir effrayé par la perspective de tomber dans les mains d'un vendeur d'esclaves ? Une république réussie, vraiment, le pays dans lequel on donne le droit de vote à des Noirs qui n'osent pas aller voter et dont on refuse l'inscription des enfants à l'école ? Une république réussie, vraiment, le pays dans lequel, au théâtre, en prison, au cimetière, on sépare les gens selon leur couleur ? Une république réussie, vraiment, le pays dans lequel on interdit les mariages entre Blancs et Noirs ? Tocqueville se fait une drôle d'idée de ce qu'est une république réussie…

Que devient cette enquête dans *De la démocratie en Amérique* ? Tocqueville consacre un long chapitre à ce sujet sous le titre : « Quelques considérations sur l'état actuel et l'avenir probable des trois races qui habitent le territoire des États-Unis » (I, II, X). Tocqueville le dit précisément, dans ce premier livre, il a souvent parlé des Indiens et des nègres, mais il n'a pas eu le temps de s'arrêter « pour montrer quelle position occupent ces deux races au milieu [*sic*] du peuple démocratique » (II, 367) – qu'est-ce qu'être au milieu du peuple démocratique ? C'est en faire partie ? Si tel est le cas, pourquoi occuper une position centrale ? Au nom de quoi ? Si c'est au milieu comme un animal pourchassé par des chasseurs qui ont fini par l'encercler avant de lui porter le coup fatal, alors l'occupation de ce point est, disons... ponctuelle ! Il est appelé à disparaître au profit du seul peuple démocratique, à savoir le peuple blanc, chrétien, européen...

Perdu dans les méandres de son style, on ne comprend pas ce qu'il veut exprimer quand il écrit : « Ces objets, qui touchent à mon sujet, n'y entrent pas ; ils sont américains sans être démocratiques, et c'est surtout la démocratie dont j'ai voulu faire le portrait. J'ai donc dû les écarter d'abord ; mais je dois y revenir en terminant » (II, 367). Il venait de parler des dangers qui menacent la confédération, des républiques unies, des formes républicaines dans le Nouveau Monde, de l'activité commerciale dans l'Union, de l'avenir des Américains comme peuple commerçant – à quoi donc pouvaient bien renvoyer ces objets qui touchent à son sujet ? Aux Indiens et aux nègres – qui, donc, sont américains sans être démocratiques !

Sur la terre américaine, Tocqueville voit « trois races naturellement distinctes » (II, 368) et n'hésite pas à ajouter : « et je pourrais presque dire ennemies » (*id.*). L'Amérique est alors riche de 15 millions d'habitants ; on parle de 3 millions d'Indiens, soit 1/5$^e$ de la population globale ; et de 2,5 millions de Noirs, soit, en arrondissant, un autre cinquième du peuplement général... Il entretient donc de ces trois races – il n'utilise pas le mot, mais il parle de « la forme extérieure des traits [...] [qui] a élevé entre elles une barrière presque insurmontable » (II, 368). Mais il y a mieux – ou plutôt : pire.

Dans *De la démocratie en Amérique*, et non dans un quelconque carnet, en une note prise à la hâte et jamais relue, Tocqueville écrit en effet une phrase qui permet... qu'on le classe parmi les racistes : « Parmi ces hommes si divers, le premier qui attire les regards, le premier en lumière, en puissance, en bonheur, c'est l'homme blanc, l'Européen, l'homme par excellence [*sic*] ; au-dessous [*sic*] de lui paraissent le Nègre et l'Indien » (II, 368). A-t-on bien lu ? Pour en être sûr et certain, je répète : « Parmi ces hommes si divers, le premier qui attire les regards, le premier en lumière, en puissance, en bonheur, c'est l'homme blanc, l'Européen, l'homme par excellence [*sic*] ; au-dessous [*sic*] de lui paraissent le Nègre et l'Indien »... A-t-on jamais proposé classement des races plus clair ? Le Blanc, le premier, l'homme par excellence, puis, en dessous de lui, les Noirs, puis les Indiens...

Devant un pareil texte, et faute de disposer de plus d'information dans un développement et des précisions que Tocqueville ne donne pas, il faut aller voir les manuscrits. Que disent-ils ? On y trouve des propos raturés. Ainsi, celui-ci : après « par excellence », comme pour expliciter : « c'est celui qui jouit du présent ; c'est à lui qu'appartient la plus belle portion de l'avenir ; pourquoi ce partage inégal des biens du monde ? qui peut le dire ». On trouve également des morceaux en marge à propos de quelques considérations qui suivent. Celui-ci : « Pourquoi de ces trois races [*sic*], l'une est-elle née pour périr, l'autre pour régner et la dernière pour servir ? L'une est d'emblée née dans le pays même qu'elle habite ; les deux autres sont venues de rivages lointains, l'une pour régner, l'autre pour servir. » Et puis, cette autre perle noire : « Au-dessous [*sic*] de la race privilégiée et dominatrice des Blancs, on en découvre deux autres que la Providence semble avoir livrées à celle-ci » (II, 1022). On se frotte les yeux...

Avant toute chose, précisons à nouveau que, justement, ces passages ont été biffés, raturés, donc écartés sciemment de l'édition, puis de la publication, par Tocqueville lui-même. Pour quelles raisons ? On ne le saura probablement jamais. Sûrement pas parce qu'il ne pensait pas ce qu'il écrivait, mais parce qu'il estimait que, dit comme ça, le propos paraîtrait par trop brutal, violent.

Je formule l'hypothèse que, ce que Tocqueville met de côté pour l'édition finale, ce sont les interrogations et les doutes : ce qui est raturé est en effet trois fois sur le mode interrogatif : « Pour-

quoi ce partage inégal » ? « Qui peut le dire » ? Et
« Pourquoi de ces trois races, l'une est-elle née
pour périr », etc. ? Et une sur le mode de l'hypothèse : une Providence qui « semble » être à l'origine de la sujétion des Indiens et des Noirs aux
Blancs.

Il rature le questionnement, le doute, la suppo-
sition, la supputation, et il écrit franchement, j'y
reviens, qu'on m'en excuse : « Parmi ces hommes
si divers, le premier qui attire les regards, le premier en lumière, en puissance, en bonheur, c'est
l'homme blanc, l'Européen, l'homme par excellence ; au-dessous de lui paraissent le Nègre et
l'Indien »… On aura du mal à opposer un bon
Tocqueville antiraciste à un méchant Gobineau,
son jeune directeur de cabinet quand il sera
ministre de Louis-Napoléon Bonaparte, pape du
racisme biologique. Ces considérations du penseur libéral pourraient figurer sans problème
dans l'*Essai sur l'inégalité des races*.

Tocqueville oppose, d'un côté, les Blancs, de
l'autre, les Indiens et les nègres qui, s'ils sont différents sur plus d'un point, sont semblables dans
une même communauté de destin : tous deux
subissent des « misères » (II, 368) du fait des
Blancs. Lisons : « Ne dirait-on pas, à voir ce qui
se passe dans le monde, que l'Européen est aux
hommes des autres races ce que l'homme lui-
même est aux animaux ? Il les fait servir à son
usage, et quand il ne peut les plier, il les détruit »
(*id.*). Chacun appréciera la métaphore : le Blanc
comme un homme, les Indiens et les Noirs
comme des bêtes…

Le Noir a oublié ses origines, sa langue, ses
racines, son pays, ses coutumes : il n'est plus de

là d'où il vient ; en même temps, il est refusé par les Blancs qui ont conquis le territoire habité par les Indiens : il n'est pas de là où il va. Il est donc de nulle part. Étranger parmi les siens qui sont loin ; étrangers aussi parmi les Blancs qui sont là.

Est-il esclave ? C'est moins la faute de son maître que de lui qui y consent par faiblesse : « Le Nègre sent à peine [*sic*] son infortune ; la violence l'avait placé dans l'esclavage, l'usage de la servitude lui a donné des pensées et une ambition d'esclave ; il admire ses tyrans plus encore qu'il ne les hait, et trouve sa joie [*sic*] et son orgueil dans la servile imitation de ceux qui l'oppriment » (II, 369). Peut-on mieux enfoncer sous l'eau la tête de qui se noie déjà ? L'esclave insensible à son état, incapable de pensées autres que serviles, inapte à quelque ambition qui le sortirait de sa condition, admiratif de ses bourreaux, désirant leur ressembler : quel portrait à charge !

Et Tocqueville de continuer sa description du nègre : « Sans besoin comme sans plaisir, inutile à lui-même, il comprend, par les premières notions qu'il reçoit de l'existence, qu'il est la propriété d'un autre, dont l'intérêt [j'ajoute : économique, j'y arrive...] est de veiller sur ses jours ; il aperçoit que le soin de son propre sort ne lui est pas dévolu ; l'usage même de la pensée lui semble un don inutile de la Providence, et il jouit [*sic*] paisiblement [*sic*] de tous les privilèges [*sic*] de sa bassesse » (II, 369). *In cauda venenum...*

Suite : « S'il devient libre, l'indépendance lui paraît souvent alors comme une chaîne plus pesante que l'esclavage même ; car dans le cours de son existence, il a appris à se soumettre à tout, excepté à la raison ; et quand la raison devient son seul guide, il ne saurait reconnaître sa voix » (*id.*). Conclusion : « Il en est donc arrivé à ce comble de misère que la servitude l'abrutit et que la liberté le fait périr » (*id.*).

Que peut-on espérer avec le nègre ? Pas grand-chose si l'on en croit Tocqueville qui affirme à son propos : « La civilisation a peu de prise sur un pareil homme » (*id.*). Le Noir, se sachant l'esclave, se veut esclave et n'aspire à rien d'autre qu'à être esclave, comme le garçon de café dans le bistrot sartrien veut être garçon de café dans le bistrot germanopratin. D'une certaine manière, l'esclave joue à être esclave et jouit de ce statut. Dans les ratures afférentes à ce passage, Tocqueville avait écrit : « L'esclave pense en quelque sorte par le cerveau de son maître » (II, 1022). Et puis ceci : « Le Nègre à force d'être esclave perd le goût et la possibilité d'être libre ; l'Indien à force d'être libre devient incapable de se civiliser. L'un ne peut apprendre à être libre ; l'autre à donner des bornes à sa liberté » (*id.*). Qui, alors, pourrait être assez stupide pour vouloir donner de la liberté aux Noirs, puisqu'ils n'en veulent pas, et de la civilisation aux Indiens, puisqu'ils ne la souhaitent pas ?

À quoi bon effectuer ce voyage en Amérique quand on n'y rencontre que soi-même, infatué de ses préjugés ? Tocqueville a donné sa méthode, il a clairement écrit dans ses carnets : « Nous ne voyons presque que les hommes distingués » (I, 221). En effet, il côtoie « un littérateur très distingué » (I, 64), « un sénateur de l'État de Massachusetts » (I, 66), « le fils d'un lieutenant-gouverneur » (I, 81), un « élève de Franklin » (I, 81), « un avocat très distingué, très riche planteur »

(I, 85), « un célèbre prédicateur » (I, 77), un « ancien président », Adams (I, 74), le « président de l'université de Cambridge » (I, 65), un « juge criminel » (I, 100), le « président de la Banque des États-Unis » (I, 103), un ancien « ambassadeur des États-Unis au Mexique » (I, 104), « le premier avocat de Cincinnati » (I, 105), un « juge à la Cour supérieure des États-Unis » (I, 109), « le premier médecin de Cincinnati » (I, 114), « un des plus grands négociants de Louisville » (I, 114), « un des premiers avocats de la Louisiane » (I, 117), le « consul de France à La Nouvelle-Orléans » (I, 119), un ancien « ministre de France » (I, 136) émigré aux États-Unis, un gouverneur (I, 149). Etc. ([1]).

Comment, avec ce genre de personnes rencontrées dans des dîners fins et des *tea parties*, le philosophe pouvait-il avoir un autre point de vue que celui du Blanc américain ? Quand il effectue son voyage à cheval avec son ami le comte Gustave Auguste Bonnin de la Bonninière de Beaumont, plus communément nommé Gustave de Beaumont, il rencontre bien des Indiens ou des Noirs, mais il ne leur consacre pas plus que le temps d'une conversation entre voisins de palier. Les entretiens qu'il mène sur les Indiens et les nègres le sont... avec des Blancs !

Or, ce voyage aux États-Unis qui génère ensuite *De la démocratie en Amérique* s'effectue entre

---

1. Bernard-Henri Lévy se fait un authentique disciple de Tocqueville quand, partant en jet privé sur ses traces pour écrire son *American Vertigo*, il rencontre, dixit la quatrième de couverture, « un milliardaire philanthrope et Norman Mailer, Woody Allen, Hillary Clinton, Sharon Stone », parmi quelques autres Américains...

avril 1831 et février 1832, soit pendant neuf mois. Pendant cette seule période, le 21 août 1831, une révolte d'esclaves noirs a lieu en Virginie sous les ordres de Nat Turner ; soixante-dix d'entre eux saccagent une plantation ; une cinquantaine de Blancs américains sont assassinés. Le 30 octobre 1831, Nat Turner est arrêté. Le 11 novembre, lui et dix-huit de ses hommes sont pendus haut et court.

Tocqueville n'aura donc rien su de l'existence du *Freedom's Journal*, un journal hebdomadaire abolitionniste créé à New York par John Brown Russwurm, un Américain d'origine jamaïcaine, en mars 1827 ; le titre devient *The Rights of All* en mars 1829 ; il aura également ignoré le *Liberator*, un journal abolitionniste blanc fondé à Boston en 1831 par William Lloyd Garrison, un homme dont Hugo, Stuart Mill et, plus tard, Thoreau diront le plus grand bien. Il a pourtant séjourné à New-York, puis à Boston. À Boston, donc, le philosophe n'aura pas non plus entendu parler de la Première Convention nationale des Noirs qui a eu lieu en 1831.

Contrairement à ce que dit Tocqueville, il existe donc bel et bien un mouvement organisé par les Noirs qui travaille à l'abolition de l'esclavage. Il a tort d'essentialiser le nègre en estimant qu'il est fait pour obéir et pour servir parce qu'il en irait ainsi de par sa nature, qu'il aimerait sa servitude parce qu'il ne serait capable que de ça.

*De la démocratie en Amérique* consacre une partie d'un long chapitre à démontrer que « le plus redoutable de tous les maux qui menacent l'avenir des États-Unis naît de la présence des Noirs sur leur sol. Lorsque l'on cherche la cause des embarras présents et des dangers futurs de l'Union, on arrive presque toujours à ce premier fait, de quelque point qu'on parte » (II, 394). Plus besoin de chercher un autre bouc émissaire !

Certes, Tocqueville condamne l'esclavage, mais nullement pour des raisons humanistes, humaines ou humanitaires. Il ne le condamne pas parce qu'il avilit, humilie, dégrade, rabaisse les Noirs, voire, pourquoi pas ?, parce qu'il salit les Blancs qui le pratiquent. Non ! Tocqueville condamne l'esclavage... parce qu'il n'est pas économiquement rentable ! Il aspire donc à libérer les nègres, mais pour en faire des ouvriers, moins coûteux en tout et donc plus rentables dans les coûts de production. Nous verrons dans ses *Souvenirs* comment il considère les ouvriers français lors de la révolution de 1848 : il ne manifeste guère plus d'humanité pour les prolétaires qu'il n'en montre pour les Noirs.

L'ouvrier blanc libre est payé, certes, au contraire de l'esclave noir, mais il travaille plus vite que le nègre ; on ne le paie que pour une tâche précise, alors que le Noir coûte en permanence : il faut lui assurer le gîte et le couvert, les vêtements, l'éducation quand il est jeune, la santé et la protection tout le temps, la retraite quand il est vieux : « L'argent que dépense le maître pour l'entretien de l'esclave s'écoule peu à peu et en détail ; on l'aperçoit à peine : le salaire que l'on donne à l'ouvrier se livre d'un seul coup, et il semble n'enrichir que celui qui le reçoit ; mais en réalité l'esclave a plus coûté que l'homme libre, et ses travaux ont été moins productifs » (II, 402).

L'ouvrier veut gagner de l'argent, il aime l'argent, il est là pour réussir – ce trait caractérise d'ailleurs puissamment les Américains selon Tocqueville : ils sont venus là pour faire fortune, ils sont là pour amasser le plus d'argent possible et sont prêts à tout pour cela, notamment changer de métier quand il le faut. Ils sont donc, comme on dit aujourd'hui, mobiles et motivés. En revanche, on s'en doute, le Noir n'est pas dans le même état d'esprit.

Tocqueville trouve des avantages à l'esclavage. Ainsi : « Laissant le Nègre en servitude, on peut le tenir dans un état voisin de la brute ; libre, on ne peut l'empêcher de s'instruire assez pour apprécier l'étendue de ses maux et en entrevoir le remède » (II, 412). Autrement dit : l'abolition de l'esclavage irait de pair avec la revendication d'un égalitarisme dont Tocqueville estime qu'il n'est pas fondé. Il passe son temps à nous dire que la Providence travaille en permanence à l'égalité des conditions, mais il estime cet égalitarisme dangereux pour la démocratie. Il enferme donc les Noirs dans une double impasse : ils sont trop serviles pour accéder à la Raison ; mais, s'ils en faisaient usage, ils verraient vite dans quel état de servitude on les entretient. Dès lors, évitons qu'ils en fassent usage...

« Je ne pense pas, écrit-il, que la race blanche et la race noire en viennent nulle part à vivre sur un pied d'égalité » (II, 413). Il estime que l'égalité entre ces deux peuples n'aura pas lieu et que, donc, les Blancs verraient leur suprématie mise en cause par les Noirs. Voilà donc le plus grand des maux qui menace les États-Unis : une partition, une séparation, une guerre civile.

L'esclavage est injuste, écrit Tocqueville, parce que le christianisme le réprouve, car il contrevient à son égalitarisme de tous devant Dieu ; il l'est également parce qu'il n'est pas économiquement rentable. Il disparaîtra donc, c'est une évidence. Que se passera-t-il ? « Il faut s'attendre à des grands malheurs » (II, 421), écrit le chrétien libéral qui est contre l'esclavage, mais semble plus contre encore son abolition parce qu'elle entraînerait de pires conséquences que l'état de fait. L'esclavage est une mauvaise chose ; mais la guerre civile qui suivrait cette abolition lui semble une pire chose encore...

Pour sauver leur homme, les tocquevilliens ne manqueront pas d'en appeler à l'abolitionniste qu'ils mettent en avant, et on les comprend, afin de dissimuler ce que disent les carnets de voyage. Quelques morceaux choisis leur permettront en effet de montrer que leur héros travaillait activement à la cause abolitionniste en France ! Et, de fait, dans les années 1841, le philosophe publie des rapports, écrit des lettres pour la presse, intervient à la tribune de l'Assemblée, se fait le rapporteur d'une commission sur ce sujet et il se trouve du côté des abolitionnistes. Mais il s'agit des Antilles, donc de la France, pas des États-Unis...

Tocqueville ne théorise pas en idéologue mais en pragmatique. Il pense en regard des pays concernés : les Antilles anglaises viennent d'abolir l'esclavage le 28 août 1834 et, de ce fait, elles souffrent d'une pénurie de main-d'œuvre ; si la France n'abolit pas l'esclavage aux Antilles françaises, ses esclaves s'enfuiront vers de meilleurs cieux où ils auront la liberté et un salaire ; leur arrivée ne manquerait pas de générer des heurts entre les Antillais français et les Antillais anglais, ce qui générerait des conflits entre les peuples ; or, ici comme ailleurs, Tocqueville n'a de cesse de défendre moins la liberté ou l'égalité que la propriété et l'ordre public ; il faut donc abolir l'esclavage aux Antilles françaises...

C'est donc l'économie qui motive le philosophe. L'économie et la paix sociale. De la même manière qu'il envisage l'abolition de l'esclavage aux États-Unis comme problématique parce qu'il générerait une égalité juridique qui ne manquerait pas de déboucher sur une revendication d'égalité politique, donc sur une guerre civile, donc sur des difficultés économiques, Tocqueville aborde d'abord la question antillaise dans l'esprit d'un planteur de cannes à sucre.

Mais, paradoxalement, il pense en homme de gauche – qu'il n'a cessé d'être... Tocqueville n'est pas un libéral de droite qui laisserait faire le marché et voudrait abolir l'État pour laisser faire la main invisible. En libéral de gauche, il souhaite que l'État accompagne les colons en les indemnisant ; il veut également que l'État, encore lui, garantisse le prix d'achat du sucre en décidant d'un prix, donc du cours, pour tempérer la chute de la production qui s'ensuivra ; l'État, toujours lui, veillera également à attribuer les parcelles aux esclaves qui les cultivaient afin d'éviter qu'ils abandonnent les exploitations sucrières et entraînent ainsi une crise dans le secteur.

En même temps, et c'est en quoi cette gauche libérale s'avère plus libérale que de gauche, donc très proche de la droite libérale, donc de la droite, les salaires des anciens esclaves seraient abaissés de moitié pendant dix années ; la partie ainsi prélevée serait affectée à l'indemnisation des colons privés de leurs terres. Les planteurs toucheraient également un complément avec les revenus d'une taxe sur le sucre.

Certes, les esclaves cesseraient d'être serfs du colon, mais ils le deviendraient de l'État au nom des colons. Que dit le rapport des parlementaires conduits par le philosophe ? « L'État seul deviendrait le tuteur de la population affranchie, et c'est lui qui concéderait suivant sa volonté, et à des conditions qu'il fixerait, les services des Noirs aux colons, l'usage des moyens disciplinaires restant entre ses mains » (*Écrits et discours politiques*, O.C., III, 75). Or, qui dispose du fouet a le pouvoir.

Voilà le projet de Tocqueville. À la tribune de l'Assemblée nationale où il défend la cause abolitionniste comme député de la Manche, il renvoie au christianisme, qui a inventé l'égalité de tous les hommes devant Dieu, puis à la Révolution française, qui, elle, a inventé l'égalité de tous les hommes devant la loi ; il oublie de dire, au-delà du Christ et de la Convention, que l'économie guide sa réflexion.

Dans cette affaire, il en va moins pour lui du message évangélique de Jésus ou de la Déclaration des droits de l'homme que du fameux « Enrichissez-vous » de Guizot… Louis-Philippe refuse son projet. Ironie de l'histoire, il faudra attendre la révolution de 1848, honnie par Tocqueville, pour que Victor Schœlcher obtienne l'abolition de l'esclavage. Pour un grand nombre des thuriféraires du penseur normand, Tocqueville reste un abolitionniste forcené. Le dossier est moins angélique qu'ils ne veulent bien le dire…

# 3

# Du droit à ravager
# le pays des Arabes

*Lecture de* **Notes sur le Coran** *(1838).*
*Lecture des* **Notes du voyage en Algérie de 1841.**
*Lecture du* **Travail sur l'Algérie** *(octobre 1841).*
*Lecture du* **Voyage en Algérie** *(1846).*
*Lecture des* **Rapports sur l'Algérie** *(1847).*

> « Je crois que le droit de la guerre
> nous autorise à ravager le pays. »

> TOCQUEVILLE, *Travail sur l'Algérie.*

Tocqueville est sans conteste *le philosophe* français
du colonialisme. Je ne sache pas qu'un penseur,
même en dehors de la France, ait à ce point théorisé
la façon d'écarter un peuple de sa terre, les tech-
niques militaires de guérilla nécessaires à l'instauration d'une domination, la décision d'offrir le
gouvernement au pouvoir militaire, la publicité du
projet colonial par la perspective de l'enrichissement
personnel, les modalités pratiques, jusque dans les
détails, de la mise en œuvre de cette politique.

En 1847, dans son *Rapport fait sur le projet de
loi portant demande d'un crédit de trois millions*

*pour les camps agricoles de l'Algérie*, Tocqueville croit fonder ontologiquement le colonialisme sur la question de la propriété – je remarque au passage que la grande affaire de Tocqueville est moins la liberté ou la démocratie, ni même l'égalité, comme on le dit habituellement, que la propriété. De la même manière que l'obsession de Marx consiste à l'abolir, celle de Tocqueville consiste toujours à la préserver.

Tocqueville commence ainsi son rapport : « Messieurs, nous n'entreprendrons pas de démontrer à la Chambre que l'établissement paisible d'une population européenne sur le sol de l'Afrique serait le moyen le plus efficace d'y asseoir et d'y garantir notre domination. Cette vérité a été mise bien des fois en lumière, et nous n'avons rien à dire ici, sinon que votre commission l'a admise comme démontrée » (I, 874). Mais dire qu'on ne va pas dire alors qu'on va dire n'est qu'une figure de rhétorique : la prétérition.

Car le philosophe s'empresse de démontrer que le colonialisme est fondé pour répondre à deux personnes qui n'estiment pas qu'il le soit. Or cette fondation, telle qu'il l'entend et prétend la démontrer, repose sur un sophisme.

Avant de commencer son raisonnement, il résume ainsi celui de ses adversaires : « Le pays qu'il s'agit de coloniser, ont-ils dit, n'est pas vide ou peuplé seulement de chasseurs, comme certaines parties du Nouveau Monde ; il est déjà occupé, possédé et cultivé par une population agricole et souvent même sédentaire. Introduire dans un tel pays une population nouvelle, c'est y éterniser la guerre et y préparer la destruction inévitable des races indigènes. » Tocqueville marque des points d'un point de vue rhétorique, car il fait suivre sa prétérition d'une prosopopée, mais, d'un point de vue éthique, il en perd : car si ce propos anticolonialiste est tenu, c'est qu'il est tenable et qu'il pourrait donc bien le tenir... Or, ça n'est pas le cas.

Qu'on n'aille donc pas sauver le philosophe en disant qu'il était victime des préjugés de son temps : sans être philosophes, deux députés ont montré qu'on pouvait s'en affranchir. Pour mémoire : il s'agit du député de la Seine-Maritime, Amédée Desjobert (1796-1853), qui siège à gauche sous la monarchie de Juillet et, en 1843, a fait partie de la fondation de la Société française pour l'abolition de l'esclavage, et du fils du philosophe qui invente le concept d'Idéologue, Victor Destutt de Tracy (1781-1864), député conservateur de l'Orne, qui, lui aussi, faisait partie des membres fondateurs de ladite Société et s'est également montré actif en faveur de l'abolition de la peine de mort. Preuve qu'on pouvait être anticolonialiste sans être un révolutionnaire forcené.

Tocqueville entreprend alors de répondre à cette objection majeure, puisqu'elle permet de trancher cette question : est-il, oui ou non, légitime de coloniser l'Algérie ? L'auteur de la *Démocratie en Amérique* répond clairement : oui. Les belles envolées sur la liberté et la démocratie qu'on trouve dans son essai sur les États-Unis deviennent alors franchement caduques. Poudre aux yeux...

Quand Tocqueville parle de la liberté, on voit bien qu'il en parle pour le Blanc qui possède en bien propre et dépossède les indigènes qui possédaient avant lui. Lisons : « Le pays est occupé, il est vrai, mais il n'est ni rempli, ni même, à vrai dire, possédé. La population indigène y est très rare et très clairsemée. On peut donc introduire la population conquérante sur le sol sans gêner la population vaincue » (I, 875). Puis : « Le domaine public [de l'Algérie] y a des proportions immenses, et les terres qu'il possède sont les meilleures du pays [*sic*]. Nous pouvons distribuer ces terres aux cultivateurs européens sans blesser le droit de personne » (*id.*). Ensuite : « Ce n'est ni le temps ni le lieu d'exposer et de discuter devant la Chambre les règles sur lesquelles repose le droit de propriété en Afrique. Ces questions sont très obscures en elles-mêmes, et l'on est encore parvenu à les obscurcir et à les embrouiller beaucoup, en voulant leur imposer une solution unique et commune que, dans beaucoup d'endroits, la propriété individuelle et patrimoniale n'existe pas ; que, dans beaucoup d'autres, la propriété commune des tribus n'est appuyée elle-même sur aucun titre, et qu'elle résulte de la tolérance du gouvernement plutôt que d'un droit » (*id.*). Plus loin : « La Chambre comprendra d'abord sans peine qu'il est plus facile d'introduire une population nouvelle sur un territoire qui n'est possédé qu'en commun que sur un sol où chaque pouce de terre est défendu par un droit et un intérêt particulier » (*id.*). Enfin, après avoir estimé qu'il y avait très peu de propriétaires indigènes, il était possible d'établir une transaction qui permettait d'acquérir une terre : « Le titre qu'on donne est le prix de la terre qu'on retient » (I, 876). Péroraison : voilà pourquoi votre fille est muette...

Car, ou Tocqueville commet un paralogisme et, emporté par sa passion colonisatrice, il ne sait pas ce qu'il dit en le disant si faussement, et je ne veux pas croire que ce pragmatique au sang froid se laisse emporter ; ou il sait ce qu'il dit, ce que je crois, ce que je crains, et il faut voir dans ce discours une série de roueries théoriques.

Reprenons les choses. Que dit Tocqueville ? Certes, le pays est occupé par les indigènes, mais il n'est pas possédé par eux – au contraire des Blancs, qui, eux, le posséderaient sans même l'occuper, il leur suffirait de le vouloir pour l'avoir. Certes, ces indigènes sont peu nombreux, mais le pays est grand, ils peuvent donc laisser leurs terres à ceux qui viennent s'y installer, ils n'y subiront aucune gêne et ne contreviendront à aucune loi – puisqu'il n'y a pas de loi, de titres de propriété, de droit, qui permettraient aux indigènes qui habitent là depuis des générations, qui travaillent cette terre, qui la cultivent et y vivent d'être considérés comme de réels propriétaires par le droit du premier occupant. Certes, le pays est grand et il y a pléthore de bonnes terres, quel mal y aurait-il à partager ? – mais il est moins question de partage que d'expropriation, c'est-à-dire, ni plus ni moins, de vol. Certes, on peut acheter ce dont on s'empare, les fameuses bonnes terres, la transaction s'avère alors légale – mais quand on n'a pas le droit de dire non à cet achat à celui qui a toute l'administration et l'armée coloniales derrière lui, s'agit-il vraiment d'une transaction légale ?

Que dirait Tocqueville si, estimant que son château dans la Manche est grand et dispose de plein de pièces, qu'il ne l'occupe pas souvent, tant il passe de temps à Paris, qu'il y a peu de gens à la ronde, d'aucuns estimaient qu'ils peuvent légitimement s'y installer ? Qu'il peut fournir un titre de propriété...

Où l'on voit fonctionner en direction des indigènes le sophisme à plein régime : vous occupez le sol et le travaillez depuis des centaines d'années ? Peut-être, mais qu'est-ce qui me prouve que cette terre vous appartient ? Avez-vous un titre signé chez un notaire, disposez-vous d'un document attesté par un homme de loi ? Pouvez-vous me montrer un acte en bonne et due forme détenu par un tabellion ? Non. Donc vous n'avez rien. Et, ce rien, je peux vous le prendre ; il devient alors mien...

Tocqueville lui-même décrit l'état dans lequel se trouve le pays : pas de cadastre, pas de communes, pas de droit, pas de loi, pas de tribunaux, pas de juges, pas d'avocats, pas d'administration. N'y a-t-il pour autant rien ? L'absence de références occidentales est-elle absence totale de toute référence ? Bien sûr que non. Dire qu'à Alger on ne fait pas comme à Paris ne suffit pas pour décréter que sous les palmiers il n'y a que des barbares et qu'aux abords de la Seine on ne trouve que des civilisés. C'est pourtant ainsi que fonctionne le cerveau de l'homme qui a publié *De la démocratie en Amérique* quand il parle de « l'occupation d'un pays barbare » (I, 804).

L'Algérie est un pays de tradition orale dans lequel la parole entre les hommes d'une tribu et entre les chefs de ces mêmes tribus fait office de loi. Tocqueville sait que, dans ce pays, la loi coranique s'impose ; il déplore d'ailleurs qu'il n'y ait pas de traité de droit coranique : mais le Coran est à lui seul un traité de droit ! Il le sait puisque lors de son premier voyage en Algérie, en 1841, il constate que le Coran est « la source des lois, des idées, des mœurs de toute cette population musulmane à laquelle nous avons affaire » (I, 675). Et, bonne idée, il estime qu'il faudrait faire traduire ce texte en français.

La première chose que refuse Tocqueville dans cette prise de position colonialiste, c'est le droit du premier occupant. Voire : le droit d'un peuple à disposer de lui-même. Car il convient que « le pays est occupé » (I, 875) : quid dès lors de ceux qui l'occupent et ne vivent pas d'amour et d'eau fraîche, mais chassent, cueillent, pêchent, labourent, cultivent, élèvent, le tout sur cette même terre ? Ils sont peu nombreux ? Et alors : suffirait-il que le nombre fasse la loi pour que la force l'emporte ?

La seconde chose que refuse Tocqueville, c'est de considérer « la propriété commune des tribus » (id.), qu'il constate factuellement, comme l'une des modalités de la propriété. Il lui faut de la propriété individuelle, bourgeoise et notariée. Il ne lui vient pas à l'esprit que, dans un pays arabe vivant sous la loi coranique, on puisse penser la propriété selon d'autres modalités qu'à Paris, notamment sur le mode communautaire. C'est trop pour son esprit civilisé qui crie à la barbarie dès qu'il découvre une autre façon d'être et de faire.

Il est ridicule, voire malveillant, après avoir constaté qu'il n'y avait pas de cadastre et de notaire pour le faire respecter en Algérie, qu'il n'existe pas plus de juges, d'avocats et de tribunaux pour faire respecter la loi, d'exiger un titre de propriété qui supposerait cadastre et notaire, faute de quoi, la propriété convenue sur le mode oral et communautaire serait considérée comme caduque, nulle et non avenue !

La loi orale est une loi, le droit traditionnel est un droit, la loi coranique est une législation, la règle tribale est une règle et, sur la terre où cette jurisprudence sévit, ne respecter ni ces lois ni ce droit ni ces règles, c'est tout simplement se conduire en barbare.

Le colonialisme n'est pas, contrairement à ce que l'on raconte aujourd'hui, la méchante créature de gens de droite à laquelle la gauche se serait toujours opposée. Ce lieu commun de gauche néglige l'évidence que le colonialisme du XIXᵉ siècle s'enracine dans... les valeurs de la Révolution française ! De la même manière que le colonialisme du Nouveau Monde s'effectue sous le signe de l'universalisme catholique qui suppose l'évangélisation des sauvages, le colonialisme de l'époque industrielle procède d'un autre universalisme : celui de 1789 – qui, comme l'a si bien vu Nietzsche, n'est jamais que la formule laïque et immanente, désacralisée et profane du paulinisme qui impose sa loi avec une épée...

Le comte Alexis de Tocqueville inscrit lui-même le projet colonial dans cette euphorie issue de 1789 : il souhaite un colonialisme respectueux de l'héritage révolutionnaire, qui se caractérise par « les principes et les lumières que la Révolution française a répandus dans le monde » (I, 820). On ne peut plus clairement dire que le colonialisme est le cadeau que font les civilisés aux barbares.

Certes, Tocqueville peut, toujours dans la logique des effets de rhétorique, en appeler à la Révolution française et à ses valeurs ; il n'empêche que, derrière le projet de coloniser les âmes, on trouve aussi celui de s'approprier les richesses du pays envahi. On invoque le Bien, mais c'est pour mieux confisquer les biens.

Quand il écrit : « La création d'une colonie n'est, à proprement parler, autre chose que l'aliénation incessante du domaine de l'État en faveur de particuliers qui viennent s'établir dans la contrée nouvelle » (I, 823), peut-il imaginer ce qui se passe dans la tête du colonisé quand il voit le colon s'emparer de ses terres et de ses biens, de son pays, et y ravager ses us et coutumes, sa langue, ses traditions ?

Je crains que non. Il estime en effet, on l'a vu, que le colonialisme s'effectue « sans gêner la population vaincue » (I, 875) et « sans blesser le droit de personne » (id.), presque avec l'assentiment des populations assujetties ! Mais pourquoi faudrait-il alors dépêcher des troupes, envoyer l'armée, convoyer des militaires, transférer l'artillerie, augmenter leur budget, conduire des guerres, construire des casernes, fortifier des villes, créer des unités d'intervention rapide, augmenter le nombre des chevaux, faire voter des crédits extraordinaires pour acheter des lits (I, 860) si les tribus indigènes ignorent la gêne, la souffrance, la blessure du colonialisme ?

Dans son rapport sur l'Algérie, Tocqueville écrit une phrase terrible : « La guerre d'Afrique est une science » (I, 806). L'homme lige de cette discipline est le maréchal Bugeaud, félicité par le philosophe « d'avoir étendu, perfectionné et rendu sensible à tous cette science nouvelle » (*id.*). S'il fallait établir une généalogie à la lignée des philosophes serviles à l'endroit des militaires qui conduisent les guerres coloniales, on pourrait probablement la découvrir là...

Deux mots tout de même sur le maréchal Bugeaud. C'est lui qui écrit le 18 janvier 1843 au général de la Moricière : « Plus d'indulgence, plus de crédulité dans les promesses. Dévastations, poursuite acharnée jusqu'à ce qu'on me livre les arsenaux, les chevaux et même quelques otages de marque... Les otages sont un moyen de plus, nous l'emploierons, mais je compte avant tout sur la guerre active et la destruction des récoltes et des vergers... Nous attaquerons aussi souvent que nous le pourrons pour empêcher Abd el Kader de faire des progrès et ruiner quelques-unes des tribus les plus hostiles ou les plus félonnes. » Six jours plus tard, il écrit au même : « J'espère qu'après votre heureuse razzia le temps, quoique souvent mauvais, vous aura permis de pousser en avant et de tomber sur ces populations que vous avez si souvent mises en fuite et que vous finirez par détruire, sinon par la force du moins par la famine et les autres misères. » Dans un discours à la Chambre le 24 janvier 1845, Bugeaud dit : « J'entrerai dans vos montagnes ; je brûlerai vos villages et vos moissons ; je couperai vos arbres fruitiers, et alors ne vous en prenez qu'à vous seuls. »

Bugeaud, c'est également l'homme des « enfumades » qui fait savoir au colonel Pélissier : « Si ces gredins se retirent dans leurs cavernes, imitez Cavaignac aux Sbéhas ; fumez-les à outrance, comme des renards. » Avec cette méthode, entre le 19 et le 20 juin 1845, c'est plus de mille femmes, enfants, vieillards et hommes qui trouvent la mort. On relève un nombre considérable de massacres d'une population qui n'était coupable que de défendre sa terre.

Voilà le personnage que Tocqueville encense sous prétexte qu'il perfectionnerait « une science nouvelle » ! Une science nouvelle cette façon très ancienne de tuer, de massacrer, d'assassiner, d'anéantir, de ravager, de razzier, de détruire, de brûler, d'asphyxier, d'affamer, de raser, de décimer, d'exterminer ? Vraiment ?

Qu'on ne me dise pas que Tocqueville ne savait pas, ne voulait pas, qu'il souhaitait autre chose, autrement. Qu'ailleurs, dans sa vie, il avait fait savoir qu'il n'aimait pas Bugeaud. On ne lui demande pas d'aimer un homme dont il estime qu'il a magnifié l'art de la guerre en Afrique ! Il méprise probablement l'homme dont il sait qu'il lui est nécessaire pour réaliser le projet colonialiste auquel il souscrit.

Car Tocqueville ne se contente pas de tresser une couronne de lauriers au chef de guerre (qu'il peut bien par ailleurs conchier) qu'est Bugeaud, il défend explicitement dans ses textes ce que le maréchal fait sur le terrain. Il hait l'homme qu'il félicite pour son travail de boucher. Bugeaud a les mains sales ; Tocqueville, l'âme seulement.

Qu'on lise en effet son *Travail sur l'Algérie* daté d'octobre 1841 et qui est un manuel de guerre coloniale ! Pas question, pour Tocqueville, que la France quitte l'Algérie. Elle doit rester française et devenir la nation phare du commerce en Europe, voilà pourquoi elle a besoin de ce pays et de ses ports pour assurer sa domination maritime en Méditerranée et en Europe. Il estime par ailleurs que la colonisation a fait entrer l'Algérie dans le club des nations civilisées ; elle est en effet barbare selon lui. Il faut que la France domine et colonise ; au départ, elle aurait pu dominer sans coloniser ; mais c'est désormais trop tard. Il ne faut donc pas se laisser constituer une grande nation arabe, musulmane, sous le commandement d'Abd el-Kader auquel il déclare une guerre sans merci. Il faut voter des crédits spéciaux pour disposer « de fonds secrets considérables » (I, 703) qui permettront d'acheter les tribus, on doit travailler à les monter les unes contre les autres pour empêcher qu'elles ne se fédèrent sous le pouvoir de cet homme habile. Ceux qui n'auront pas été subjugués par l'argent, il faudra les soumettre par des promesses en flattant l'orgueil naturel des Arabes – dit-il. Il faut interdire aux Algériens de commercer, d'acheter et de vendre leurs marchandises, pour les ruiner. Il faut détruire les moissons pendant les récoltes. Il faut fondre sur eux avec des troupes commandos, qui, lors de razzias, s'emparent des hommes et des troupeaux. Il fait l'éloge « des voyages meurtriers » (I, 706) pour qualifier les campagnes militaires – il les estime « quelques fois indispensables et dans ces cas on aurait bien tort de les proscrire » (*id.*). Il faut détruire les villes ou les villages, ou tout ce qui pourrait faciliter le regroupement d'une population qui pourrait ainsi se fédérer. Il faut contraindre les populations au nomadisme, à une perpétuelle errance. Il faut d'abord coloniser Alger. Qu'il faut fortifier. Il faut recourir à la violence pour conquérir les terres : « Je suis en général fort ennemi des mesures violentes qui, d'ordinaire, me semblent aussi inefficaces qu'injustes. Mais ici, il faut bien reconnaître qu'on ne peut arriver à tirer parti du sol qui environne Alger qu'à l'aide d'une série de mesures semblables, auxquelles, par conséquent, on doit se résoudre » (I, 723). Il faut exproprier : « Si dans un délai qu'on indique, le possesseur reconnu [tiens, il y en a donc...] ne met pas sa terre en culture, cette terre tombera dans le domaine de l'État qui s'en emparera en remboursant le prix d'achat. Ce sont là assurément des procédés violents et irréguliers, mais je défie de sortir autrement du désordre où nous sommes » (I, 722). Il faut revendre à bas prix aux colons européens ce qui a été ainsi obtenu. Il faut créer des villages semblables à ceux qu'on trouve en France avec poste, mairie, église, école. Cependant, on évitera « la tribune, la liberté de la presse, le jury, le droit électoral qui n'existent point en Afrique. Ces choses, il faut le reconnaître, ne sauraient quant à présent y exister » (I, 736). Et puis ceci : « Quoi qu'il en soit, on peut dire d'une manière générale que toutes les libertés politiques doivent être suspendues en Algérie » (I, 753). Il faut une économie fiscale qui décharge la production française en Algérie des taxes pratiquées sur le continent. Il faut centraliser l'administration civile à Alger et diriger le pays avec un gouverneur militaire – on est loin de la démocratie...

Tocqueville se fait le cerveau du boucher Bugeaud en écrivant : « J'ai souvent entendu en France des hommes que je respecte, mais que je n'approuve pas, trouver mauvais qu'on brûlât les moissons, qu'on vidât les silos et enfin qu'on s'emparât des hommes sans armes, des femmes et des enfants. Ce sont là, suivant moi, des nécessités fâcheuses, mais auxquelles tout peuple qui voudra faire la guerre aux Arabes sera obligé de se soumettre. Et s'il faut dire ma pensée, ces actes ne me révoltent pas plus ni même autant que plusieurs autres que le droit de la guerre autorise évidemment et qui ont lieu dans toutes les guerres d'Europe. En quoi est-il plus odieux de brûler les moissons et de faire prisonniers les femmes et les enfants que de bombarder la population inoffensive d'une ville assiégée ou que de s'emparer en mer des vaisseaux marchands appartenant aux sujets d'une puissance ennemie ? L'un est, à mon avis, beaucoup plus dur et moins justifiable que l'autre » (I, 704-705). Il faut terroriser les populations afin de leur rendre Abd el-Kader détestable. Il précise : « Je pense que tous les moyens de désoler les tribus doivent être employés » (I, 705). Il a beau ajouter : « Je n'excepte que ceux que l'humanité et le droit des nations réprouvent » (*id.*), comment peut-il alors écrire : « Il faut donc faire marcher ensemble, s'il est possible, la colonisation et la guerre » (I, 716). Tocqueville veut une guerre humaine ? Une guerre autorisée par le droit de la guerre qui est droit d'abolir le droit en faveur de la seule guerre ?

Comment cet homme, philosophe, libéral, catholique allant à la messe, peut-il en même temps écrire pareilles ordures éthiques et estimer dans ses *Notes du voyage en Algérie de 1841* que Bugeaud incarne « la grossièreté et la violence naturelles au pouvoir militaire » (I, 687), qu'il transpire la haine de la soldatesque pauvre contre les colons qui s'enrichissent, qu'il est la personnification de tout ce que lui, comte aux gants beurre frais, méprise ? Tocqueville veut qu'on tue et qu'on pille, mais il déteste ceux qui tuent et pillent comme il l'avait demandé. Le philosophe qui fait tuer au nom de ses idées trouve du dernier vulgaire l'homme de main qui vidange son âme sale sur tout un peuple décimé.

« On ne peut étudier les peuples barbares que les armes à la main », écrit Tocqueville dans son *Rapport sur l'Algérie* (1847). On imagine quelle science on peut obtenir avec un pistolet dans une main, un livre dans l'autre et un crayon dans la troisième. Tocqueville est loin d'être le sociologue qui ferait la jointure entre Montesquieu et Durkheim comme le serine Raymond Aron dans *Les Étapes de la pensée sociologique*. Il est un député de la gauche libérale qui défend le racisme, la société d'apartheid, le colonialisme, l'ethnocide des Indiens et la propriété privée.

Quelles sont ses découvertes sociologiques majeures ? À quels concepts majeurs a-t-il associé son nom ? Quelles pensées lui doit-on après lesquelles plus rien ne fut comme avant ? Quelles avancées essentielles lui doit-on dans ce domaine, la sociologie ? On cherchera en vain. Un penseur qui pense armé n'est pas un penseur qui pense droit.

A-t-il profité de ses séjours en Algérie pour élaborer une pensée sur la société musulmane ? Non. Quand il arrive à Alger, après avoir dit « l'ensemble du coup d'œil ressemble à celui que produisent en mer les cités de La Hague » (I, 659), il affirme : « L'architecture peint les besoins et les mœurs : celle-ci ne résulte seulement pas de la chaleur du climat, elle peint à merveille l'état social et politique des populations musulmanes et orientales : la polygamie, la séquestration des femmes, l'absence de toute vie publique, un gouvernement tyrannique et ombrageux qui force de cacher sa vie et rejette toutes les affections du cœur du côté de l'intérieur de la famille » (I, 660). On se doute que Tocqueville se croit élu et mandaté pour en finir avec cette civilisation qu'il estime barbare afin d'imposer un mode de vie français.

Pour ce faire, Tocqueville défend l'idée d'une société d'apartheid. La société musulmane et la société chrétienne « forment deux corps juxtaposés, mais complètement séparés. Ils savent que tous les jours cet état de choses tend à s'accroître par des causes contre lesquelles on ne peut rien [*sic !*]. L'élément arabe s'isole de plus en plus et peu à peu se dissout. La population musulmane tend sans cesse à décroître, tandis que la population chrétienne se développe sans cesse. La fusion de ces deux populations est une chimère qu'on ne rêve que quand on n'a pas été sur les lieux. Il peut donc et il doit y avoir deux législations très distinctes en Afrique parce qu'il s'y trouve deux sociétés très séparées. Rien n'empêche *absolument*, quand il s'agit des Européens, de les traiter comme s'ils étaient seuls, les règles qu'on fait pour eux ne devant jamais s'appliquer qu'à eux » (I, 752). Lui qu'on présente si souvent comme l'homme des intuitions géniales se trompe en prédisant la dilution de l'islam dans un christianisme devenu prédominant. Quant à affirmer qu'il n'y a rien à faire pour empêcher que le fossé se creuse entre les deux communautés, on a peine à croire qu'il n'ait pas imaginé une seule seconde que cette politique coloniale n'était pas faite pour réconcilier ces deux mondes.

On peut également retrouver Tocqueville en faute dans d'autres prédictions concernant l'avenir et le destin de la religion musulmane. La chose est d'autant plus intéressante qu'elle ruine la philosophie de l'histoire de Tocqueville. Il faut pour ce faire lire ses *Notes sur l'islam* écrites en 1838 – avant son premier voyage donc.

Que pensait Tocqueville, l'agnostique qui n'avait pas fait son deuil du Dieu des chrétiens, de Mahomet, du Coran et de l'islam ? Dès cette époque, il s'interroge sur cette question en regard de la politique coloniale française en Algérie.

En mars 1838, il lit et annote le Coran dans la traduction de Savary. Puis il parfait ses connaissances par la lecture d'une biographie du Prophète. C'est une méthode si simple et tellement évidente pour savoir ce qu'est l'islam qu'on s'étonne encore aujourd'hui qu'elle ne soit pas celle de tout un chacun qui souhaiterait disposer d'un jugement avisé, loin des fumées idéologiques d'une droite qui n'y voit que violence et appels au meurtre et d'une gauche qui n'y trouve aucune violence et aucun appel au meurtre. Car il y a violence et appels au meurtre, c'est indéniable, mais pas seulement, c'est évident – du moins pour qui a travaillé un tant soit peu le sujet.

Dans une lettre à Gobineau qui envisageait de se convertir à l'islam datée du 22 octobre 1843, Tocqueville écrit : « J'ai beaucoup étudié le *Koran* [*sic*] à cause surtout de notre position vis-à-vis des populations musulmanes en Algérie et dans tout l'Orient. Je vous avoue que je suis sorti de cette étude avec la conviction qu'il y avait eu dans le monde, à tout prendre, peu de religions aussi funestes aux hommes que celle de Mahomet. Elle est, à mon sens, la principale cause de la décadence aujourd'hui si visible du monde musulman et, quoique moins absurde que le polythéisme antique, ses tendances sociales et politiques étant, à mon avis, infiniment plus à redouter, je la regarde relativement au paganisme lui-même comme une décadence plutôt que comme un progrès. Voilà ce qu'il me serait possible, je crois, de vous démontrer clairement, s'il vous venait jamais la mauvaise pensée de vous faire circoncire » (IX, 68).

La correspondance montre l'athanor du penseur, elle découvre l'atelier dans lequel s'élabore son ouvrage. Il écrit à son ami Louis de Kergolay une lettre que, dans le langage du jour, on n'estimerait pas politiquement correcte. Je cite l'intégralité du passage pour conserver le mouvement de la pensée : « Depuis quelques jours, je lis la vie de Mahomet et le Coran. Cette dernière lecture est une des plus impatientantes choses et des plus instructives qui se puissent imaginer parce que l'œil y découvre facilement en y regardant de fort près tous les fils à l'aide desquels le prophète tenait et tient encore ses sectateurs. C'est un cours complet d'art prophétique que cette lecture-là et je t'engage fortement à la faire. Je ne conçois pas comment Lamoricière a pu dire que ce livre-là était un progrès sur l'Évangile. Il n'y a nulle comparaison quelconque à faire suivant moi et je trouve que sa seule lecture indique merveilleusement les différentes destinées des musulmans et des chrétiens. Le Coran ne me paraît être qu'un compromis assez habile entre le matérialisme et le spiritualisme. Mahomet fait la part du feu, comme on dit, aux plus grossières passions humaines pour faire pénétrer avec elles un certain nombre de notions fort épurées afin que les premières maintiennent les secondes, l'humanité marchât passablement, suspendue entre le ciel et la terre. Voilà la vue philosophique et désintéressée du Coran ; quant à la partie égoïste, elle est bien plus visible encore. La doctrine que *la foi sauve*, que *le premier de tous les devoirs religieux est d'obéir aveuglément au prophète* ; que *la guerre sainte est la première de toutes les bonnes œuvres...*, toutes ces doctrines dont le résultat pratique est évident se retrouvent à chaque page et presque à chaque mot du Coran. Les tendances *violentes* et *sensuelles* du Coran frappent tellement les yeux que je ne conçois pas qu'elles échappent à un homme de bon sens. Le Coran est un progrès sur le polythéisme en ce qu'il contient des notions plus nettes et plus vraies de la divinité et qu'il embrasse d'une vue plus étendue et plus claire certains devoirs généraux de l'humanité. Mais il passionne et sous ce rapport je ne sais s'il n'a pas fait plus de mal aux hommes que le polythéisme, qui n'étant ni un par sa doctrine ni par son sacerdoce ne serrait jamais les âmes de fort près et leur laissait prendre assez librement leur essor. Tandis que Mahomet a exercé sur l'espèce humaine une immense puissance que je crois, à tout prendre, avoir été plus nuisible que salutaire » (XIII (2), 28-29).

Que trouve-t-on dans le Coran ? Le Prophète invite très explicitement *tous les musulmans* à la guerre sainte puisque, Tocqueville a raison sur ce sujet, les invitations à trancher l'aorte (LXIX), à noyer (XXXVII, 82), à mutiler (LXVIII, 15), à crucifier (V, 33), à exterminer (VIII, 7), à anéantir (IX, 30) les incrédules (VIII, 7) que sont les polythéistes (XVII, 58), les juifs (IX, 30), les infidèles (VIII, 12), les mécréants (VIII, 39), les chrétiens, les homosexuels (VII, 81) constituent une litanie dans la totalité du livre saint des musulmans.

Pendant qu'il lit le Coran, Tocqueville prend des notes. Il précise que ce qui est écrit et qui établit les lois, les idées, les mœurs de tous ces croyants, relève d'un temps historique révolu. En conséquence, pour comprendre vraiment ce qui s'y trouve dit, il faudrait une édition qui relie le texte à son contexte – cette édition n'existe toujours pas à ce jour...

Qu'est-ce que Tocqueville a noté pendant sa lecture ? Ce qui se trouve *vraiment* dans le Coran : invitation et encouragement à la guerre sainte ; obéissance due au Prophète comme à Dieu ; récompenses sublimes et immortalité pour qui meurt les armes à la main ; monstruosité des peines futures pour les incroyants ; abomination de l'apostasie ; description physique du paradis avec jardins, fleuves et houris ; violence du langage de Mahomet contre les idolâtres et les juifs ; supériorité de la foi sur les bonnes œuvres ; accablement des juifs, ménagement des chrétiens ; généalogie vétérotestamentaire de l'islam qui poursuit et achève les deux monothéismes qui le précèdent ; unité, ubiquité, toute-puissance, miséricorde de Dieu ; immortalité de l'âme ; récom-

pense et châtiments éternels ; se tourner vers
La Mecque et non plus vers Jérusalem ; interdictions alimentaires – viandes mortes, étouffées,
accidentées, sang, porc, vin, bêtes non bénies ;
aumône, bienfaisance, patience comme vertus
supérieures ; salut par la foi ; talion pour le
meurtre ; jeûne lors du ramadan ; « sainteté de
la guerre sainte, encouragée à la fois avec énergie et violence » ; obligation du pèlerinage à
La Mecque ; interdiction des mariages avec des
non-musulmans ; tabou des femmes pendant
leurs règles ; législation sur le mariage, le divorce,
la répudiation, la dot ; préceptes sur l'allaite-
ment ; droits et devoirs de la femme ; nécessité de
la prière ; « utilité de soutenir de ses biens la
guerre sainte » ; proscription de l'usure ; formes
des contrats, des tutelles et des testaments ; pré-
voyance des schismes ; Jésus humain ayant
accompli des miracles comme prophète mais
pas divin ; influence du repentir ; invitation à
l'amour, au pardon, à la bienfaisance ; durée de
la vie fixée par Dieu ; « bonheur de ceux qui meurent en combattant pour la foi exalté de mille
manières » ; polygamie limitée à quatre femmes ;
succession qui privilégie les hommes sur les
femmes ; peine de mort contre l'adultère ; puni-
tion de la fornication ; repentir inutile pour les
infidèles ou pour le dernier jour ; mariage possible avec les femmes mariées quand elles sont
des butins de guerre ; possibilités de mariage
avec certaines esclaves ; interdiction du suicide ;
« permission et commandement de tuer les infidèles. Défense de tuer des croyants » ; nécessité
des ablutions avant la prière ; « Coupez les pieds
et les mains à ceux qui combattent Dieu et le

Prophète » ; contre les jeux de hasard et les statues ; « Ne tuez pas vos enfants par crainte de la pauvreté » et « Évitez le crime en public et en secret » ; obscurité des passages consacrés aux génies ; appel au combat contre les infidèles jusqu'à leur disparition et le triomphe de l'islam ; anéantissement des idolâtres ; épargner les convertis et les dhimmis qui paient l'impôt aux musulmans ; répudier frère et père s'ils ne croient pas ; utiliser son or et ses biens pour la cause islamique ; le feu attend les incrédules en enfer ; se venger dans les limites de l'offense, mais supériorité du refus de se venger ; interdiction du crime, de l'injustice et de la calomnie ; bienfaisance et respect, tendresse et soumission envers ses parents ; faire l'aumône au pauvre et au voyageur ; éviter la débauche ; « ne versez pas le sang humain » ; honorer sa parole ; éviter de savoir ce qu'on ne peut comprendre ; Dieu source de vérité ; l'homme est libre ; annonce de la venue du jour de tribunal de Dieu une fois la terre aplatie.

Que trouve-t-on, donc, dans ces *Notes sur le Coran* (mars 1838) ? Des faits, rien que des faits. Aucun commentaire, aucun jugement. Nul avis, pour ou contre. Pas d'éloge ou de condamnation. Ce que Tocqueville consigne sur le papier, c'est tout simplement ce que l'on trouve dans le Coran – y compris les contradictions, par exemple entre les invitations à tuer, à massacrer les infidèles et les interdictions de... verser le sang ! À moins qu'il s'agisse d'une interdiction de faire couler le sang de son coreligionnaire musulman, et lui seul, une interprétation qui efface alors la contradiction...

Tocqueville laisse également des *Notes sur l'islam* (1839-1840) dans lesquelles il en fait une religion professée à des nomades guerriers appartenant à des peuples simples, frustes ; dans le désert, quand on se déplace sans cesse, le lieu de culte et le clergé ne sont pas possibles. Le nomadisme induit la forme de cette religion qui visait d'abord la guerre en vue de la conquête de nouveaux territoires dans le désert. Le culte est donc simple et sobre, quasi nul.

L'absence de clergé conduit à identifier le pouvoir temporel du chef de guerre et le pouvoir spirituel du chef religieux. Cette confusion regrettable et dommageable est la source de deux grands maux : le despotisme et l'immobilité sociale « qui a, presque toujours, fait le caractère des nations musulmanes et qui les fait enfin succomber toutes devant les nations qui ont embrassé le système contraire » (50).

Tocqueville pense que l'islam est incompatible avec le progrès scientifique, avec l'évolution technologique, avec le développement historique, avec la démocratie qui est pourtant, par la loi de la fatalité providentielle à laquelle il souscrit, le sens même de l'histoire.

Dans une lettre à Richard Milnes datée du 29 mai 1844, il rapporte l'expérience tirée de son premier voyage en Algérie en 1841 – il en effectuera un second en 1846. Ce qu'il a vu lui fait penser qu'il est dans la nature même de l'islam d'être décadent et qu'il est appelé à disparaître dans le temps sous les effets civilisateurs du judéo-christianisme.

Le 13 novembre 1855, Tocqueville écrit en effet à Gobineau que les Blancs soumettront les autres peuples qu'ils amèneront à leur civilisation : « Quelques millions d'hommes qui, il y a peu, vivaient presque sans abri dans des forêts et des marécages, seront avant cent ans les transformateurs du globe qu'ils habitent et les dominateurs de toute leur espèce. Rien n'est plus clairement annoncé d'avance dans les vues de la Providence. »

Un siècle et demi plus tard, cette prédiction a fait long feu. S'il fallait en croire Tocqueville, le christianisme devait donner des leçons au monde musulman : ce fut vrai le temps que dura le colonialisme, mais c'est compter sans la décolonisation au XX<sup>e</sup> siècle.

Le réel donne tort à Tocqueville : la fatalité providentielle ne va pas forcément dans la direction de la démocratie. Il se pourrait même qu'elle y soit rare et la tyrannie fréquente – une tyrannie dont le même Tocqueville nous fit savoir qu'elle était paradoxalement un effet de la démocratie, qui, en généralisant l'égalité et en la transformant en religion de l'égalitarisme, signe l'arrêt de mort de toute liberté et de toutes les libertés.

Contre ce que dit Tocqueville, bien que ce soit aussi lui qui nous l'apprenne : le sens de l'histoire va dans celui de la généralisation de la démocratie, qui, en réalisant l'égalité pour tous, abolit la liberté et, de ce fait, réalise… le despotisme. L'optimisme romantique tocquevillien se brise sur le tragique du monde. L'islam inégalitaire n'avait pas pour vocation de se diluer dans l'égalitarisme démocratique planétaire. Il devait mourir, il est en pleine forme ; le christianisme devait triompher, il agonise.

Comment Tocqueville a-t-il pu penser qu'en Algérie le mépris des indigènes, l'instauration du régime colonial, l'expropriation des autochtones, la guerre contre un peuple spolié, le désir de diluer le Coran dans le Code civil, la construction d'une société d'apartheid, l'humiliation des Arabes, la guerre entre les civilisations musulmanes et chrétiennes, toutes ces monstruosités pensées et voulues par lui, puis imposées et réalisées par le maréchal Bugeaud, aient pu contribuer à réaliser le plan de la Providence qui était, selon lui, de réaliser la démocratie et l'égalité ? On reste confondu de tant d'inconséquence théorique, doublée de tant de compagnonnage avec le mal, chez un homme qu'on a eu de cesse de présenter comme un foudre de lucidité et comme un parangon du bien contre un Marx transformé en modèle du mal. Si, à l'évidence, Marx a du sang sur les mains, Tocqueville aussi...

# 4

# Les ailes du poulet de Blanqui

*Lecture des* **Souvenirs** *(posthume, 1893).*

Que la Révolution française ne se soit pas terminée avec Thermidor et qu'elle ait continué au moins jusqu'à ce que la République fût fermement établie, c'est une idée que François Furet emprunte à Tocqueville. Dans ses *Souvenirs*, le philosophe fait de la révolution de 1848 un genre de suite à 1789. La chute de la monarchie de Juillet et l'abdication de Louis-Philippe, qui, comme Louis XVI, refusa de faire tirer sur la foule, soit l'occasion pour Tocqueville de penser à nouveaux frais la question de la liberté.

Faut-il toujours que le combat pour la liberté se fasse au détriment de l'égalité, comme souvent, sinon toujours, avec les libéraux, ou bien est-il inévitable que la défense de l'égalité s'opère systématiquement au préjudice de la liberté ? Tocqueville fut certes un défenseur de la liberté, mais il le fut au détriment de l'égalité ; de même, Marx a incontestablement été un combattant de l'égalité, mais il a sacrifié la liberté. Doit-on être libre en payant sa liberté du prix de la misère du peuple ? Ou faut-il réaliser l'égalité, mais en sacrifiant les libertés que le marxisme nommera formelles pour mieux les assassiner ?

1848 est appelée la Troisième Révolution française après que 1830 fut nommée la Deuxième et 1789, chacun le sait, la Première. Tocqueville a fustigé la partie jacobine et montagnarde de la Révolution française parce qu'elle touchait aux libertés – de penser, de s'exprimer, de s'opposer, de commercer, d'instruire, d'entreprendre, mais aussi et surtout, de posséder.

La propriété est pour lui la garantie de la liberté. Si la propriété n'est plus individuelle et personnelle, elle devient collective et c'est alors l'État qui devient propriétaire. Le socialisme est la forme politique prise par l'étatisation de la propriété, ce qui va de pair avec l'étatisation de toute vie personnelle. Ce qui se joue en 1848, c'est l'avenir de la propriété. Restera-t-elle individuelle ou deviendra-t-elle collective ?

Ses *Souvenirs*, bien qu'écrits avec le recul, donc réécrits, témoignent de la difficulté qu'il y a à défendre la liberté contre l'égalité, autrement dit la force de la loi contre le pouvoir de l'insurrection. Au nom de la liberté, étrange paradoxe, Tocqueville légitime les restrictions de la liberté... De ce paradoxe naît un étrange autre paradoxe : en voulant défendre la liberté par la loi, il demande à la loi de rogner les libertés et se retrouve compagnon de route de Marx, pour lequel la liberté est la première des victimes de l'idéal des libéraux et des « niveleurs », comme l'écrit Tocqueville avec un mot hélas passé de mode.

C'est la lecture de la correspondance qui, comme toujours, fournit des informations qui ne se trouvent jamais dans les narrations reconstruites par les acteurs. Une lettre donne en effet de Tocqueville une image qui n'est pas habituelle. Le philosophe normand passe, on le sait, pour « violemment modérée », et une confidence faite à un correspondant le montre plus violent que modéré – même si c'est au nom de la modération qu'il se fait violent.

Que lit-on dans cette lettre datée du 17 avril 1848 à Nassau Senior qui rapporte ce que vit et fit Tocqueville lors de ces journées insurrectionnelles ? Il écrit : « pendant toute la journée d'hier j'ai eu à la main le fusil au lieu de la plume » (*Correspondance anglaise*, O.C., VI, II, 103). On aura bien lu : lors des événements de 1848, Alexis de Tocqueville se trouve sur les barricades avec le fusil à la main, il tire sur les insurgés qui se contentent de demander du pain et du travail. Il tire ou, *il n'en parle évidemment jamais*, il se trouve dans la disposition d'esprit de celui qui est prêt à tirer – donc à tuer... Nous sommes bien loin de l'image d'un Tocqueville modéré, sage, légaliste, mesuré...

Rappelons que cette troisième révolution de 1848 a fait couler le sang d'une façon inconsidérée si l'on se souvient qu'elle n'a duré que quatre mois – entre février et juin. Dans une lettre à Clamorgan datée du 24 juin 1848, parlant de ces journées, il écrit : « Les plus sanglantes de la Révolution française comparées à celles-ci sont des jeux d'enfant » (*Correspondance et écrits locaux*, O.C., X, 469). Dans cette même lettre, il précise : « Ce n'est pas une émeute, c'est la plus terrible de toutes les guerres civiles, la guerre de classe à classe, de ceux qui n'ont rien contre ceux qui ont. J'espère que nous serons les plus forts » (*id.*, 468). Sans barguigner, Tocqueville se range dans le camp de ceux qui ont, donc clairement contre le camp de ceux qui n'ont rien. Il ne craint pas de faire de cette guerre civile un moment majeur puisqu'il déclare : « ce n'est pas d'une forme politique qu'il s'agit ici, c'est de la propriété, de la famille, de la civilisation, de tout ce qui nous attache en un mot à la vie » (*id.*). La révolution de 1848, un enjeu de civilisation ? Tocqueville a choisi son camp...

Que ces journées furent terriblement sanglantes, on le dit assez peu de cette révolution : 1 600 morts parmi les soldats, 4 000 du côté des insurgés, 1 500 exécutions sans jugement, 25 000 arrestations, près de 4 500 déportés en Algérie. Ce fut donc loin d'être une partie de plaisir, une révolution romantique qui dépose doucement un roi et déclare tranquillement la République...

1848, c'est donc l'éternel retour des passions tristes, car la Révolution, c'est moins une Idée, un Concept, un Idéal, que... des révolutionnaires. Qui plus est, des révolutionnaires animés par des passions tristes : le ressentiment, l'envie, la jalousie, la haine, la rancune. C'est moins l'envie d'abolir la propriété qui les anime généreusement que le désir mesquin d'enlever leurs propriétés à ceux qui possèdent. Tocqueville n'aborde pas les choses en idéaliste, disons en philosophe, mais en moraliste qui sait que, sous le vernis de la fraternité, se cache le rude acide abrasif de l'aspiration à molester celui qui possède.

Cette révolution se joue d'ailleurs à Paris avec les ouvriers et l'habituelle cohorte d'intellectuels ressentimenteux prétendument à leur service ;

mais la province ne l'entend pas de cette oreille et prend la route pour manifester son mécontentement à la capitale. Les petits paysans pauvres, associés aux grands propriétaires fonciers, tout autant qu'à la bourgeoisie générée par la Révolution française et enrichie par l'achat des biens confisqués aux aristocrates et au clergé, disent leur refus de voir la propriété abolie.

Tocqueville écrit : « Dans les provinces, on s'indignait et on s'irritait contre Paris. Pour la première fois depuis soixante ans, on osait affronter l'idée de lui résister ; on s'armait et on s'encourageait à venir au secours de l'Assemblée » (III, 839). Et voilà la position de Tocqueville : *venir au secours de l'Assemblée.*

Des élections ont eu lieu, il a d'ailleurs été élu député de la Manche en 1839 – et il le restera jusqu'en 1851. C'est donc un élu du peuple qui veut que ce dernier ne voie pas sa parole confisquée par une minorité insurrectionnelle prolétarienne qui veut l'abolition de la propriété et la réalisation du socialisme.

Tocqueville joue le peuple français, y compris dans sa composante provinciale, contre le prolétariat urbain parisien qui n'a que faire de ce que pense le reste de la France. Dans les journées insurrectionnelles, il se propose de « faire triompher la volonté évidente du peuple français sur les passions et les désirs des ouvriers de Paris ; vaincre ainsi la démagogie par la démocratie, telle était ma seule visée » (III, 817).

Parlant des journées sanglantes de juin qui mettent fin à l'activité révolutionnaire, « journées nécessaires et funestes » (III, 869), Tocqueville parle de journées qui « délivrèrent la nation de l'oppression des ouvriers de Paris et la remirent en possession d'elle-même » (*id*.). Où l'on retrouve l'esprit girondin d'un penseur qui refuse cette modalité jacobine de l'action politique : le centralisme révolutionnaire qui assujettit les provinciaux aux diktats de la capitale.

Contre un révolutionnaire, dont le nom compte pour peu, il s'appelait Marrast, Tocqueville révèle une vérité anthropologique qui met à mal le catéchisme idéologique. Il dit de lui qu'« il appartenait à la race ordinaire des révolutionnaires français qui, par liberté du peuple, ont toujours entendu le despotisme exercé au nom du peuple » (III, 872).

C'est clairement la critique du gouvernement du peuple par la partie infime de lui-même qu'on pourra lire sous la plume de... Bakounine. Il suffit de lire les violentes diatribes que Bakounine réserve à Marx qui défend la dictature du prolétariat dans *Étatisme et anarchie* : si le prolétariat doit exercer une dictature, sur qui l'exercera-t-il, demande l'anarchiste russe ? Sur le prolétariat qui ne fera pas partie du dispositif assurant la dictature ! À leur manière, Tocqueville le libéral et Bakounine le libertaire prévoient ce que serait un socialiste étatiste : une dictature, la modalité d'un despotisme.

Dans cette critique de la tyrannie des minorités, ne peut-on voir une préfiguration de ce qui deviendra plus tard chez Marx la dictature du prolétariat ? Ou bien, chez son bras armé Lénine, de ce qui se nommera la dictature de l'avant-garde éclairée du prolétariat organisée en Parti ?

Comment préserver les acquis de la Révolution française dans une forme politique, un gouvernement en l'occurrence, qui soit capable d'assurer à la république sa stabilité ? Voilà la question que se pose ce penseur qui ne perd jamais de vue les conditions réelles et concrètes de réalisation de ses idées sans non plus perdre de vue son idéal : garantir la liberté contre tout ce qui la menace. Et le socialisme d'État s'avère une menace pour la liberté.

Face au sang qui coule et aux barricades, en présence des canonnades et des charges mortelles, Tocqueville semble un dandy au milieu de la fumée : il veut que les pouvoirs restent séparés, il est député, il fait les lois et veut leur donner les pleins pouvoirs là où les insurgés souhaitent abolir aussi bien le régime légal que la mécanique républicaine parlementaire.

Une anecdote témoigne en ce sens : Alexandre Herzen raconte dans ses souvenirs intitulés *Passé et méditations* qu'il se trouve entre les Champs-Élysées et la Madeleine et qu'il se fait arrêter. Lisons : « Le premier homme rencontré fut un représentant du peuple, portant une plaque ridicule à la boutonnière : c'était Tocqueville, celui qui a écrit sur l'Amérique. Je m'adressai à lui et lui relatai ce qui était arrivé ; ce n'était pas matière à plaisanterie : ils gardaient les gens en prison sans aucun jugement, les jetaient dans les souterrains des Tuileries, les fusillaient. Tocqueville ne demanda même pas qui nous étions ; il nous salua fort courtoisement et laissa tomber cette platitude : le pouvoir législatif n'a aucun droit de se mêler des ordres de l'exécutif. » Certes, mais alors que fait-il armé dans les rues le 16 avril ?

Tocqueville ne cesse d'être républicain en même temps qu'il ne cesse d'être de gauche. Il le dit clairement : « Nous voulions faire vivre la république » (III, 891). Certes, il n'a pas la religion de la république, mais celle de la liberté. Et il préférerait volontiers une monarchie qui respecte la liberté à une république qui l'abolirait. Il écrit : « J'ai toujours considéré, d'ailleurs, que la république était un gouvernement sans contrepoids qui promettait toujours plus, mais donnait toujours moins de liberté que la monarchie constitutionnelle. Et pourtant je voulais sincèrement maintenir la république et, bien qu'il n'y eût pour ainsi dire pas de républicains en France, je considérais l'entreprise de la maintenir comme n'étant pas absolument impraticable » (III, 898). C'est donc la liberté que Tocqueville conserve en ligne de mire ; peu lui importe la forme gouvernementale que prend la politique qui la garantit.

Répétons-le, concernant son rôle de député, Tocqueville affirme clairement dans ses *Souvenirs* qu'il entendait combattre les socialistes et les Montagnards, mais, en même temps, qu'il souhaitait « sincèrement maintenir et organiser la république. Je pensais comme elle sur ces deux points principaux ; je n'avais nulle foi monarchique, nulle affection ni regrets pour aucun prince ; point de cause à défendre sinon celle de la liberté et de la dignité humaine » (III, 816). Liberté avant toute chose. Le bon gouvernement sera celui qui lui donnera le maximum d'amplitude ; le mauvais, celui qui la réduira le plus.

Quant à son ancrage à gauche, là encore il ne fait aucun doute. Toujours dans ses *Souvenirs*, concernant son arrivée à l'Assemblée nationale, il écrit : « Je choisis ma place du côté gauche de la salle, sur un banc d'où on pouvait facilement entendre les orateurs et se rendre à la tribune, quand on voulait parler soi-même » (III, 815). Ou bien encore : « Ma place accoutumée sur des bancs relevés du centre gauche » (III, 765). D'une gauche non jacobine, d'une gauche non montagnarde, d'une gauche non révolutionnaire, mais d'une gauche tout de même.

Son discours du 29 janvier 1848, qu'il cite très longuement dans ses *Souvenirs*, le montre également comme un homme de gauche. Dans cette prise de parole qu'il se plaît à montrer, non sans raison, comme prophétique, il annonce la révolution à venir trois mois avant la date parce qu'il voit se profiler ce qui la rend possible.

Pour ce faire, il se fait généalogiste et affirme que les idées qui la produiront ont largement fait le chemin dans les esprits ; que les passions politiques de la classe ouvrière sont devenues des passions sociales ; que les projets socialistes ou communistes n'ont pas pour but de réformer la société, mais de réaliser un changement radical ; que les ouvriers n'ont pas confiance dans la classe politique pour changer les choses ; que la division des biens est injuste ; que la propriété n'est pas défendable d'un point de vue de l'équité. Après avoir énuméré ces conditions de possibilité de la révolution, il affirme : « Je crois que nous nous endormons à l'heure qu'il est sur un volcan » (III, 736).

Un régime ne s'effondre que parce que ceux sur lesquels elle repose et s'appuie se sont montrés indignes de gouverner. Ce fut le cas avec l'effondrement de la monarchie ancestrale ; ce sera le cas avec ce régime. Il poursuit : « Est-ce que vous ne ressentez pas, par une sorte d'intuition instinctive qui ne peut pas s'analyser, mais qui est certaine, que le sol tremble de nouveau en Europe ? Est-ce que vous ne sentez pas... que dirai-je ?... un vent de révolution qui est dans l'air ? Ce vent, on ne sait où il naît, d'où il vient, ni, croyez-le bien, qui il enlève : et c'est dans de pareils temps que vous restez calmes en présence de la dégradation des mœurs publiques, car le mot n'est pas trop fort » (III, 737).

Face à la montée des périls et à la présence de la révolution aux portes de la société, Tocqueville conjure les députés qui l'écoutent de faire le nécessaire pour que le pire n'advienne pas en changeant « l'esprit du gouvernement » (III, 738) et non les lois. De quelle manière ? Qu'était cet esprit du moment ? Quel nouvel esprit aurait pu lui être opposé ? Il n'en dira rien, hélas... On ne trouve pas dans ce discours de contre-projet à celui de la monarchie de Juillet qui s'en va ni au socialisme qui gronde.

En revanche, trois mois plus tôt, en octobre 1847, il rédige un texte destiné à la Jeune Gauche qui pourrait présenter une alternative. Que propose-t-il ? Des « propositions de réformes au profit des masses » (*Fragments pour une politique sociale*, O.C., III (2), 743) parmi lesquelles : une diminution des charges publiques pour les plus modestes ; une refondation des droits de douane ; la création d'institutions destinées à l'amélioration concrète de la vie : « caisses d'épargne, institutions de crédit, écoles gratuites, lois de restriction de la durée du travail, salles d'asile, ouvroirs, caisses de secours mutuel » ; un soulagement de la misère par l'affectation d'impôts à la cause des miséreux : « hospices, bureaux de bienfaisance, taxe des pauvres, distribution de denrées, de travail, d'argent » (*id.*). Sur plus d'un point, on dirait du Proudhon...

Quelles furent les réactions à la prédiction de janvier 1848 ? « Rires insultants » côté majorité ; « interruptions » au centre, nous dit *Le Moniteur universel* ; et « vive approbation à gauche », ajoute le même journal. Dans une lettre à Clamorgan, Tocqueville écrit : « Je puis dire que la Gauche presque tout entière est venue me serrer la main » (*Correspondance et écrits locaux*, O.C., X, 443).

Pour Alexis de Tocqueville, le socialisme, c'est d'abord moins une idéologie meurtrière qu'une poignée de socialistes, autrement dit des hommes. Or il a quelques anecdotes à rapporter à propos de tel ou tel... Ces grandes figures sont animées par les grands principes, bien sûr, mais, frottés au réel, ces idées flamboyantes s'éteignent de façon piteuse.

Ainsi Auguste Blanqui. L'homme est un remarquable modèle de vertu révolutionnaire et de droiture militante. Il a en effet passé la plus grande partie de sa vie dans des conditions d'incarcération terribles – j'ai pu voir, au Mont-Saint-Michel, ce que signifiait l'expression cul-de-basse-fosse en entrant dans sa cellule, où l'on ne tenait pas debout. À cette heure, il a déjà effectué neuf années de prison, de 1839 à 1848. Alors qu'il en sort, avant bientôt d'y retourner, il croit à la révolution sociale par la violence. Il défend donc l'insurrection, le coup d'État, la prise du pouvoir par la force.

Tocqueville en donne ce portrait qui témoigne qu'il sait aussi parfois écrire autrement que comme un notaire. Blanqui est élu député, il apparaît à la tribune : « C'est alors que je vis paraître à son tour à la tribune un homme que je n'ai vu que ce jour-là mais dont le souvenir m'a toujours rempli de dégoût et d'horreur. Il avait des joues hâves et flétries, des lèvres blanches, l'air malade, méchant et immonde, une pâleur sale, l'aspect d'un corps moisi, point de linge visible, une vieille redingote noire collée sur des membres grêles et décharnés ; il semblait avoir vécu dans un égout et en sortir. On me dit que c'était Blanqui » (III, 827). Voici donc l'homme habillé pour l'hiver, si je puis dire...

Les *Souvenirs* rapportent donc une histoire le concernant. Je préfère citer longuement pour garder le sel de la description : « Blanqui avait fait venir des champs et placé dans sa maison comme domestique, le fils d'un pauvre homme dont la misère l'avait touché. Le soir du jour où l'insurrection commença, il entendit cet enfant qui disait, en desservant le dîner de la famille : "Dimanche prochain (on était jeudi), c'est nous qui mangerons des ailes de poulet." À quoi une petite fille qui travaillait dans la maison répondit : "Et c'est nous qui porterons les belles robes de soie." Qui pourrait mieux donner une juste idée de l'état des esprits que le tableau enfantin de cette cupidité naïve ? Et ce qui la complète, c'est que Blanqui se garda bien d'avoir l'air d'entendre ces marmots : ils lui faisaient grand-peur. Ce ne fut que le lendemain de la victoire, qu'il se permit de reconduire ce jeune ambitieux et cette petite glorieuse dans leur taudis » (III, 848). Le révolutionnaire Blanqui aurait donc pu périr de la main d'un plus révolutionnaire que lui...

Une autre anecdote concerne Victor Considerant, un autre révolutionnaire emblématique. Un an avant la révolution de 1848, le fouriériste Victor Considerant a publié *Principes du socialisme. Manifeste de la démocratie au XIX^e siècle...* suivi du *Procès de la démocratie pacifique.*

Dans une lettre à Blanqui justement, Proudhon fustige les fouriéristes, qui jouent un rôle important dans la révolution de 1848. Il écrit : « Comment ajouter foi à des hommes qui ont des accommodements pour tous les systèmes ? qui disent aux saint-simoniens : vous voulez l'amour libre et le culte de la chair ? Nous aussi, entrez au Phalanstère ; à la bourgeoisie : nous garantissons la famille et la propriété, fiez-vous à nous, venez au Phalanstère ; aux communistes : pourquoi tant de disputes ; vous rejetez la propriété et nous proscrivons l'exploitation de l'homme par l'homme, vous défendez l'égalité et nous prêchons l'équivalence. Nous sommes coreligionnaires ; votre place est au Phalanstère. » En 1848, il est député.

Pour Tocqueville, Victor Considerant est « l'élève et le successeur de Fourier, l'auteur de tant de rêveries socialistes qui n'eussent été que ridicules dans un autre temps, mais qui étaient dangereuses dans le nôtre » (III, 908). Il est aussi celui « qui aurait mérité d'être placé aux petites maisons s'il eût été sincère » (III, 870). À l'issue des événements de 48, Considerant s'enfuit en exil avec Ledru-Rollin en Belgique après avoir été condamné par Louis-Napoléon, contre lequel il avait pris la tête d'une manifestation. C'est de ce pays qu'il envoie une lettre datée du 23 juillet 1849 à Tocqueville alors devenu ministre du même Louis-Napoléon Bonaparte.

Le révolutionnaire Considerant avait acheté les biens d'une princesse milanaise pour les protéger de la mainmise des Autrichiens. Il souhaitait obtenir de Tocqueville ministre une procuration qui lui aurait permis de continuer à gérer les affaires de la princesse de son exil belge ! Où l'on voit que les révolutionnaires ont le sens des affaires...

Caustique et ironique, Tocqueville lui répond : « Mon cher Considerant, ce que vous désirez est fait. Je ne veux pas me prévaloir d'un si petit service mais je suis bien aise de constater, en passant, que ces odieux oppresseurs de la liberté qu'on nomme ministres inspirent assez de confiance à leurs adversaires pour que ceux-ci, après les avoir mis hors la loi, n'hésitent pas à s'adresser avec confiance à eux pour obtenir ce qui est juste. Cela prouve qu'il y a encore du bon, en nous, quoi qu'on en dise. Êtes-vous bien sûr que si les rôles étaient changés, je puisse me conduire de la même façon, je ne dis pas vis-à-vis de vous, mais vis-à-vis de tel ou tel de vos amis politiques que je pourrais nommer ? Je crois le contraire et je vous déclare solennellement que si jamais ils sont les maîtres et qu'ils me laissent seulement ma tête, je me tiendrai pour satisfait et prêt à déclarer que leur vertu a dépassé mon espérance » (III, 909).

En 1852, Victor Considerant crée un phalanstère au Texas ; ce sera un échec cuisant – pas question pour autant de conclure au caractère utopique de ses idées. C'est le réel qui a tort, comme toujours avec les idéologues. Il rentrera en France où il mourra en 1893. À ses obsèques au Père-Lachaise, il y eut foule. Jean Jaurès était là...

Les *Souvenirs* sont également une nouvelle occasion pour Tocqueville de critiquer la centralisation. On le sait, *L'Ancien Régime et la Révolution française* lui avait déjà permis de fustiger le pouvoir centralisé à Paris et les méfaits que cette concentration générait sur les provinces qui se trouvaient ainsi vidées de leur substance et de leur génie. La révolution de 1848 ne déroge pas : elle est aussi une convulsion centralisée, parisienne – du moins le croit-il : le jeune Jules Vallès, par exemple, vivra cette révolution à Nantes dans une ferveur inaugurale de son destin qu'il ne fut pas seul à éprouver, loin de là...

Tocqueville écrit : « Lors donc qu'on prétend qu'il n'y a rien parmi nous qui soit à l'abri des révolutions, je dis qu'on se trompe, et que la centralisation s'y trouve. En France, il n'y a guère qu'une seule chose qu'on ne puisse faire : c'est un gouvernement libre, et qu'une seule institution qu'on ne puisse détruire : la centralisation. Comment pourrait-elle périr ? Les ennemis des gouvernements l'aiment et les gouvernements la chérissent. Ceux-ci s'aperçoivent, il est vrai, de temps à autre, qu'elle les expose à des désastres soudains et irrémédiables, mais cela ne les en dégoûte point. Le plaisir qu'elle leur procure de se mêler de tout et de tenir chacun dans leurs mains leur fait supporter ses périls. Ils préfèrent une vie si agréable à une existence mieux assurée et plus longue » (III, 873). Ainsi, la question du « système communal » devait être abordée en assemblée ; elle ne l'a pas été. Or, on peut imaginer que la décentralisation aurait pu faire partie des propositions politiques présentées par Tocqueville pour résoudre les problèmes posés par l'insurrection. Refaire partir la machine économique pour résoudre la question sociale en faveur des plus démunis sans abolir la propriété privée, voilà qui aurait pu faire un projet digne de la Jeune Gauche.

La question de l'élection du président aurait également pu se poser autrement qu'elle ne s'est posée en France dans ces jours de 1848 si l'organisation politique avait été autre. Quand Tocqueville écrit : « Dans un pays sans traditions monarchiques, où le pouvoir exécutif a toujours été faible et continue à être fort restreint, il n'y a rien de plus sage que de charger la nation de choisir ce représentant » (III, 879), on voit bien qu'il pense aux États-Unis, auxquels il a consacré, on le sait, son *De la démocratie en Amérique* quelques années plus tôt.

À quoi il ajoute : « Mais notre condition était bien autre. Nous sortions de la monarchie et les habitudes des républicains eux-mêmes étaient encore monarchiques. La centralisation, d'ailleurs, suffisait à rendre notre situation incomparable. D'après ses principes, toute l'administration du pays, dans les plus petites aussi bien que dans les plus grandes affaires, ne pouvait appartenir qu'au président ; les milliers de fonctionnaires qui tiennent le pays tout entier dans leurs mains ne pouvaient relever que de lui seul. Cela était ainsi, d'après les lois et même d'après les idées en vigueur que le 24 février avait laissées subsister, car nous avions conservé l'esprit de la monarchie, en en perdant le goût. Dans de telles conditions, que pouvait être un président élu par le peuple, sinon un prétendant à la couronne ? » (III, 879). Cette description n'a pas perdu de sa vérité et de son actualité. La France n'a pas fait son deuil de la décapitation de Louis XVI et elle a été incapable de donner à la république une autre forme que celle qui procédait de la royauté. Le président de la République est un monarque élu. Nous n'en sommes pas sortis...

À défaut d'une véritable révolution démocratique et pacifique qui aurait donné une forme et un gouvernement décentralisés susceptibles de répondre à la demande d'une autre politique, faute d'idéal donc, Tocqueville se voit contraint à la réalité la plus triviale. Dès lors, il ne lui reste plus qu'à « arriver rapidement à placer un chef puissant à la tête de la République [plutôt] qu'à organiser une constitution républicaine parfaite » (III, 880). De sorte que, faute de grives on mange des merles, ce fut le prince Louis-Napoléon Bonaparte pour lequel il n'a pas voté (il a préféré Cavaignac qui avait maté les insurgés...) et auquel il consacre un portrait assassin tel un Daumier de la plume...

Moraliste français à la façon de La Rochefoucauld ou de Chamfort, de Vauvenargues ou de Rivarol, sinon La Bruyère, Tocqueville connaît le cœur des hommes et, comme Pascal, il n'ignore pas qu'il est « creux et plein d'ordures ». La révolution est plus souvent l'occasion de faire déborder des ordures du cœur des hommes que des roses parfumées. L'idéologie révolutionnaire cache souvent le principe actif du ressentiment. L'anecdote des gamins au service de Blanqui témoigne.

Mais aussi une histoire qui le concerne directement. Tocqueville raconte que le poste de portier de sa maison parisienne est tenu par « un homme fort mal famé dans le quartier, ancien soldat, un peu timbré, ivrogne et grand vaurien qui passait au cabaret tout le temps qu'il n'employait pas à battre sa femme. On peut dire que cet homme était socialiste de naissance ou plutôt de tempérament. Les premiers succès de l'insurrection l'avaient exalté et le matin du jour dont je parle, il avait parcouru les cabarets des environs et, entre autres méchants propos qu'il avait tenus, il avait dit qu'il me tuerait le soir quand je reviendrais chez moi, si j'y revenais jamais. Il avait même montré un long couteau dont il comptait se servir » (III, 859). Une femme qui assistait à la scène a averti madame de Tocqueville, qui a fait passer un billet à son mari, lui enjoignant de ne pas rentrer au domicile conjugal, mais de se rendre chez son père.

Sortant de l'Assemblée vers minuit, Tocqueville décide tout de même de revenir chez lui. Il est armé et porte deux pistolets chargés. Il frappe à la porte ; l'homme lui ouvre ; il entre ; le portier ferme les verrous derrière lui ; Tocqueville demande s'il y a d'autres personnes dans l'immeuble, tous sont partis ; il regarde le domestique dans le blanc des yeux et l'invite à passer devant avec les bougies ; du bruit se fait entendre au fond de la remise, le criminel potentiel invite Tocqueville à se rendre avec lui dans ce coin reculé ; il y va, résolu à tuer l'homme au cas où il l'agresserait ; le bruit disparaît ; l'homme conduit le philosophe jusqu'à son palier ; arrivé devant sa porte, il prend le flambeau des mains du patibulaire qui ôte son chapeau et salue son maître avant de partir. Tocqueville de conclure : « J'ai toujours pensé que ce misérable ne fût devenu dangereux que si la fortune du combat lui avait paru tourner contre nous, mais elle penchait au contraire de notre côté quoiqu'encore indécise, et cela suffisait pour me garantir » (III, 861).

Tel Racine, Tocqueville compose avec les hommes tels qu'ils sont et non, à la façon de Corneille, tels qu'ils devraient être – leçon de sagesse élémentaire, en politique comme ailleurs. Il ne souscrit donc pas à la fable rousseauiste d'un homme naturellement bon que la société aurait perverti, car il sait que si la société est dans cet état c'est la faute d'hommes pervertis. Non pas à cause du péché originel, l'explication théologique n'est pas dans ses habitudes, mais parce qu'il a assez observé l'âme humaine pour en connaître les méandres et les labyrinthes.

Des petits pouilleux au service de Blanqui à l'affairisme du socialiste Victor Considerant, en passant par la menace de son portier de nuit, Tocqueville sait assez que la révolution est une aubaine pour ceux que pourrissent les passions tristes, le ressentiment en première ligne.

Tocqueville propose un portrait de Barbès qui est pour lui l'occasion de penser la folie comme un concept opératoire afin de comprendre les mécanismes de l'histoire. Voici comment il le voit : « C'était un de ces hommes chez lesquels le démagogue, le fou et le chevalier s'entremêlent si bien qu'on ne saurait dire où finit l'un et où l'autre commence et qui ne peuvent se faire jour que dans une société aussi malade et aussi troublée que la nôtre. Je crois pourtant qu'en lui le fou prédominait, et sa folie devenait furieuse quand il entendait la voix du peuple. Son âme bouillonnait naturellement au milieu des passions populaires comme l'eau sur le feu. » Puis, plus loin, une fois qu'il est à la tribune : « J'avais remarqué et fait remarquer à mes voisins l'altération de ses traits, sa pâleur livide, l'agitation convulsive qui lui faisait à chaque instant tortiller sa moustache entre ses doigts. Il était là comme l'image de l'irrésolution, penchant déjà vers un parti extrême » (III, 828). Un brouhaha suivit sa harangue et la cloche du président de la séance mit fin à ce tohu-bohu.

Les cris, les hurlements se succèdent dans l'enceinte de la représentation nationale. Un pompier se propose de dire son fait aux députés ; il grimpe à la tribune ; tétanisé, aucun mot ne sort de sa bouche ; il redescend. On veut Louis Blanc ; on l'appelle ; il arrive ; on l'acclame ; on le porte en triomphe à dos d'homme. Description : « Ils le tenaient par ses petites jambes au-dessus de leurs têtes. Je le vis qui faisait de vains efforts pour leur échapper, il se repliait et se tordait de tous les côtés sans pouvoir glisser d'entre leurs mains, tout en parlant d'une voix étranglée et stridente. Je croyais voir un serpent auquel on pince la queue » (III, 829-830). Et l'on pose le héros avant que de nouveaux bruits recouvrent tout...

Tocqueville parle de folie pour Barbès. Et ça n'est pas un mot qui lui échappe puisqu'il en fait une théorie qui n'est pas sans intérêt puisqu'elle permet de passer outre la doxa héritée du marxisme qui voudrait que, les masses faisant l'histoire, il ne saurait être question que les individus la fassent. Or, l'histoire se fait en prenant des individus en otage. Hegel a bien raconté ce mécanisme en développant sa théorie de ruse de la raison.

L'histoire fait les grands hommes qui la font tout en ignorant qu'ils en sont les instruments. Et il se fait que ces grands hommes ont parfois partie liée avec le bizarre, l'étrange, l'inquiétant, l'effrayant et autres catégories qui permettent d'effectuer une variation sur le thème de la folie.

Dans l'un de ces petits bijoux d'écriture sertis dans des pages parfois monotones, Tocqueville propose un portrait d'Ulysse Trélat : « médecin de mérite qui dirigeait alors un des principaux hôpitaux de fous de Paris, quoiqu'il fût un peu timbré lui-même : il me prit les mains avec effusion et, les larmes aux yeux : "Ah ! Monsieur, me dit-il, quel malheur et qu'il est étrange de penser que ce sont des fous, des fous véritables, qui ont été amenés ici ! Je les ai tous pratiqués ou traités. Blanqui est un fou, Barbès est un fou, Sobrier est un fou, Huber surtout est un fou, tous fous, monsieur, qui devraient être à ma Salpêtrière et non ici." Il se serait assurément ajouté lui-même à la liste, s'il se fût aussi bien connu qu'il connaissait ses anciens amis » (III, 831) conclut le moraliste au fleuret sans mouche.

Suit alors ce qui pourrait constituer un élément destiné à une philosophie de l'histoire tragique : « J'ai toujours pensé que dans les révolutions et surtout dans les révolutions démocratiques, les fous, non pas ceux auxquels on donne ce nom par métaphore, mais les véritables, ont joué un rôle politique très considérable. Ce qu'il y a de certain, du moins, c'est qu'une demie-folie ne messied pas dans ces temps-là et sert même souvent au succès » (*id.*).

Et comment donner tort à Tocqueville de convoquer le tempérament, le caractère, la santé mentale de ceux qui se trouvent aux avant-postes de l'histoire révolutionnaire ? Qui dira de Marat ou de Hébert, de Robespierre ou de Couthon, de Danton qui déterre sa femme morte pour embrasser son cadavre ou de Carrier qui fait construire des bateaux à fond amovible pour perpétrer des crimes de masse par noyade, qu'ils n'ont pas relevé de la folie dont Tocqueville dit qu'elle tient un rôle architectonique dans l'esprit de tout révolutionnaire ?

Tocqueville sait la potentialité maléfique des hommes ; il n'ignore pas non plus que ce sont les conditions historiques qui font que ces virtualités deviennent des réalités. Ce qu'il raconte dans ses *Souvenirs* de la révolution de 1848 montre que les passions font la loi. Côté révolutionnaire, l'envie ; côté faisant face aux révolutionnaires, la peur.

L'envie joue un rôle fondamental dans l'His-toire. Dans ses notes préparatoires à l'écriture de *L'Ancien Régime et la Révolution française*, Tocqueville adopte le schéma de la lutte des classes, mais fort judicieusement il associe des passions différentes aux deux classes : côté aristocratie, noblesse, haut clergé, royalistes et gens de pou-voir, on trouve les richesses, les honneurs, l'argent, la puissance, le luxe, le faste, les plaisirs, en un mot : les privilèges ; côté peuple, ce ne sont que vexations, privations, impositions, corvées, taxations.

Certes, la Révolution française a aboli les privilèges et détruit ces différences de nature sociale, « mais elle n'a pas pu détruire les distinctions sociales qui sont liées aux manières » (*Correspondance anglaise*, O.C., VI (2), 274). La richesse de la bourgeoisie issue de la révolution ne vaut pas aux bourgeois permis de séjour chez les aristocrates, qui méprisent leurs richesses et leur manque de manières – toute la *Recherche du temps perdu* est construite sur cette dialectique.

L'aristocratie envie le pouvoir d'achat de la bourgeoisie qui envie les bonnes manières des nobles pendant que les pauvres envient l'aisance matérielle des bourgeois. Chacun veut ce que l'autre a et qu'il n'a pas. Tous haïssent l'autre de ce qu'il est par ce qu'il a : le noble méprise le bourgeois pour sa grossièreté ; le bourgeois snobe le noble pour sa distinction ; le peuple hait la noblesse pour ses finasseries et la bourgeoise pour sa vulgarité. En une phrase définitive, Tocqueville écrit : « L'égalité est une expression d'envie. Elle signifie au fond du cœur de tout républicain : "personne ne sera dans une meilleure situation que moi", et tant qu'on préférera ceci à un bon gouvernement, tout bon gouvernement sera impossible » (*id.*).

La révolution permet au peuple qui n'a rien de faire trembler ceux qui ont et craignent de perdre. Tocqueville a eu peur dans les journées insurrectionnelles de 1848. Il ne le dira pas, mais comment pourrait-il en être autrement quand il est menacé de mort, on l'a vu, par le portier de son appartement ; quand il est « dix fois » (III, 867) mis en joue dans la rue ; quand il sort armé de pistolets afin de pouvoir se défendre et tuer le cas échéant ; quand il se trouve au milieu de la canonnade ; quand il se trouve pris entre des tirs de factions ; quand il passe à proximité de personnes qui viennent de tomber victimes d'un tir ou quand il assiste aux derniers moments de tel ou tel abattu par une balle.

Il écrit : « Les hommes qui étaient atteints devant moi semblaient percés par un trait invisible. Ils chancelaient et tombaient sans qu'on vît d'abord autre chose qu'un petit trou fait dans leurs vêtements ; dans les événements de cette espèce dont je fus témoin, ce fut moins la vue de la douleur physique que le tableau de l'angoisse morale qui me frappa. C'était une chose étrange, en effet, et effrayante que de voir changer soudainement les visages et le feu du regard s'y éteindre tout à coup dans la terreur de la mort » (III, 863). On ne dira pas que le philosophe a parlé par ouï-dire. Lui aussi, comme Victor Hugo, il peut parler de *choses vues*. Et ces choses vues ne sauraient réjouir qui que ce soit de normalement constitué.

Tocqueville écrit : « Les Français, dans leurs passions politiques, sont aussi raisonneurs qu'ils sont déraisonnables » (III, 823). Nul ne contestera que l'auteur de cette phrase ait été raisonnable plus que de raison et qu'il se soit, dans ce cas comme dans toute sa vie, montré incapable de déraison tout autant que d'endosser la pelisse du raisonneur. Mais à quel prix ?

Ce romantique qui n'ignore ni l'ironie ni le cynisme, ni la vacherie ni le coup de pied de l'âne, ses *Souvenirs* en témoignent, apparaît tel un animal à sang froid, incapable de sympathie, d'empathie, à tout le moins de compréhension à l'endroit des ouvriers parisiens.

Car ces insurgés qui se font trouer la peau au beau milieu de la rue, dans la fleur de l'âge, ne veulent pas instaurer le communisme, l'abolition de la propriété privée, la collectivisation des terres ou de l'industrie, la dictature du prolétariat. Marx et les marxistes sont passés à côté de la révolution de 1848 – tout comme ils passeront à côté de la Commune de 1871.

Ce qu'ils veulent ? Du travail pour avoir du pain, un métier afin de pouvoir offrir de quoi manger à leur femme et à leurs enfants, la sortie du chômage dans la perspective toute simple de retrouver une dignité qu'on leur confisque. Ce qui n'est pas la fin du monde pour les propriétaires... Où est passé le Tocqueville auteur du programme de la Jeune Gauche quelques mois plus tôt seulement ?

Les insurgés parlent alors du *droit au travail*. Qu'est-ce que cela veut dire ? Rien d'autre que la possibilité pour les travailleurs d'exercer un métier ; il n'est pas question de prendre d'assaut les ateliers ou les manufactures pour s'en rendre les propriétaires en expropriant ceux qui en sont les propriétaires légitimes, mais de pouvoir se lever le matin pour louer sa force de travail. Le prolétaire demande simplement le droit d'être prolétaire, pas celui de devenir propriétaire.

Mais le droit au travail devient vite un devoir de l'État à fournir du travail. Et c'est ce dont le libéral Tocqueville ne veut pas entendre parler, car il estime que c'est le doigt dans un engrenage qui va conduire à la socialisation du travail. Dès lors, l'État va devenir l'employeur, ce qui assurera de cette manière le triomphe du socialisme.

Le 12 septembre 1848, Tocqueville tient un discours sans pitié pour les pauvres ; un discours de raison, certes, mais un discours moralement déraisonnable. Le philosophe qui veut avoir la tête froide se transforme alors en idéologue au sang glacé : l'étatisation du travail débouchera sur le socialisme, puis sur le communisme, puis, si les difficultés surgissent, sur le retour de la Terreur – rien moins...

Dans ce discours, Tocqueville stigmatise la « société que nous peignent avec délices les socialistes, cette société réglementée, réglée, compassée, où l'État se charge de tout, où l'individu n'est rien, où la société agglomère en elle-même, résume en elle-même toute la force, toute la vie, où le but assigné à l'homme est uniquement le bien-être, cette société où l'air manque ! Où la lumière ne pénètre presque plus ! Quoi, ce serait pour cette société d'abeilles ou de castors, pour cette société plutôt d'animaux savants que d'hommes libres et civilisés, que la Révolution française aurait été faite ! C'est pour cela que tant d'hommes illustres seraient morts sur les champs de bataille ou sur l'échafaud, que tant de sang glorieux aurait inondé la terre ! ».

Puis il ajoute : « Non, messieurs, la démocratie et le socialisme ne sont pas solidaires l'un de l'autre. Ce sont choses non seulement différentes mais contraires [...]. La démocratie étend la sphère de l'indépendance individuelle, le socialisme la resserre. La démocratie donne toute sa valeur possible à chaque homme, le socialisme fait de chaque homme un agent, un instrument, un chiffre. La démocratie et le socialisme ne se tiennent que par un mot, l'égalité ; mais remarquez la différence : la démocratie veut l'égalité dans la liberté, et le socialisme veut l'égalité dans la gêne et dans la servitude. » Voilà pourquoi il conclut, glacé et glacial : « Il ne faut donc pas que la révolution de Février soit sociale »...

Tocqueville écrirait là des lignes magnifiques s'il s'agissait de parler des totalitarismes marxistes du XX<sup>e</sup> siècle ; mais la révolution de 1848 n'allait pas jusque-là ! Que souhaitait-elle ? La création d'ateliers nationaux et d'ateliers sociaux ; l'abolition de la peine de mort pour des raisons politiques ; la journée de dix heures de travail ; la suppression des droits d'octroi et de la gabelle ; l'abolition du marchandage pour les embauches ; la fin de l'esclavage dans les colonies ; le suffrage universel direct pour les hommes – Considerant ajoutait : et pour les femmes ; l'ouverture de la garde nationale à tous les citoyens ; l'abolition de la prison pour dettes ; la fin des châtiments corporels en matière pénale ; la création de la II<sup>e</sup> République. Rien qui ressemble à la fin de la propriété. Tocqueville a eu peur ; il a déraisonné.

Car que propose-t-il, lui, pour répondre à la demande légitime des insurgés ? Qu'ils prennent modèle sur l'Amérique, dont le gouvernement permet la liberté en même temps que l'égalité là où la révolution ne veut que l'égalité au détriment de la liberté. Et pour l'heure ? En attendant ? Rien... L'homme qui, avec une poignée d'amis, disposait d'un projet politique sous les couleurs de la Jeune Gauche semble l'avoir jeté aux orties.

Dans l'extrémisme du culte de sa religion de la liberté, Tocqueville fut même paradoxalement un ennemi de la liberté ! Car, tout à sa peur du socialisme, il a cautionné un certain nombre de lois liberticides... pour préserver la liberté, bien sûr !

Devenu ministre d'un Louis-Napoléon pour lequel il n'avait pas voté, Tocqueville raconte dans ses *Souvenirs* combien il s'est fait pressant auprès du président de la République élu au suffrage universel (sans les femmes...) pour se faire un ministre zélé. Si elles ne manquent pas de franchise, ces pages ne sont pas les plus reluisantes d'un homme qui montre, au contraire de ce qu'il dit, qu'il sait faire de la politique politicienne...

Pour l'heure, il entend restaurer l'ordre ébranlé par la révolution de 1848. Il écrit froidement à Clamorgan le 14 juin 1848 : « Je suis pour toutes les mesures qui ont pour objet de lutter contre l'insurrection et le désordre » (*Correspondance et écrits locaux*, 467). Dès lors, il faut calmer les révolutionnaires mécontents de voir le mouvement s'arrêter.

Pour ce faire, voici les mesures prises : mise en état de siège de Lyon et de départements voisins ; suspension de six journaux révolutionnaires parisiens ; dissolution de trois légions d'une garde nationale qui n'avait pas montré assez de zèle dans la répression ; arrestations et mises en accusation d'un certain nombre de personnes ; extension de ce genre de mesures dans la France entière ; reprise en main des fonctionnaires de l'État. Et Tocqueville de conclure, ce que je nomme *paradoxe de la liberté*, « que le seul moyen qui restât, après une si violente révolution, de sauver la liberté était de la restreindre » (III, 914). D'où une nouvelle série de mesures : suspension des clubs ; répression sévère des écarts de la presse ; régularisation de l'état de siège.

Où est passée la gauche de Tocqueville ? Qu'en reste-t-il ? Où est-elle ? C'est une gauche qui se montre sans compassion pour les plus démunis, sans empathie pour les victimes du capitalisme, sans solution pour leurs demandes légitimes de dignité.

Le moraliste lecteur de Pascal et proche des jansénistes ne croit pas que la misère soit un produit de la mauvaise organisation de la société. Il ne parle pas de la malédiction du péché originel, il ne convoque pas la faute du premier homme et de sa compagne pour expliquer l'existence du mal, mais il en fait tout de même un a priori ontologique.

Changer l'organisation sociale et politique du monde ne produirait aucun effet, pense-t-il, sur la misère. Elle ne disparaîtrait pas pour autant. Comme une ligne directrice éthique et politique, ontologique et morale, il avait écrit, redisons-le : « Point de cause à défendre sinon celle de la liberté et de la dignité humaine » (III, 816). Comment un tel homme peut-il en même temps refuser de voter contre la limitation de la journée de travail à dix heures – au lieu de douze ? Où est passé l'homme qui rédigeait en 1835 des projets pour lutter contre le paupérisme ? Dignité et liberté pour les propriétaires, mais pas pour les prolétaires...

Pareille option, il ne manquait pas de le savoir, lui qui excelle si souvent dans la généalogie, nourrirait avec certitude des révolutions à venir.

La peur est mauvaise conseillère. Mépriser des enfants qui, comme leur maître, fût-il Blanqui, aspirent eux aussi à manger des ailes de poulet, c'est en faire un jour des coupeurs de gorge qui se draperont dans de grandes idées. Il ne manque jamais de portiers qui, un jour, sortent le couteau pour égorger leur maître qui mangeait devant eux de la volaille aux beaux jours.

# Conclusion
# Le néocolonialisme de gauche

**Contre le droit d'ingérence.**

Qui a prononcé cette phrase devenue célèbre : « Il faut dire ouvertement que les races supérieures ont un droit vis-à-vis des races inférieures. Je répète qu'il y a pour les races supérieures un droit parce qu'il y a un devoir pour elles. Elles ont le devoir de civiliser les races inférieures » ? C'est Jules Ferry dans un *Discours à la Chambre des députés* le 28 juillet 1885...

Quel deuxième a dit : « La civilisation (que représente la France) en Afrique auprès des indigènes, est certainement supérieure à l'état présent du régime marocain » ? C'est le parangon du socialisme, Jean Jaurès, dans un *Discours devant la Chambre* en 1903.

Quel troisième s'est exprimé ainsi : « Nous admettons qu'il peut y avoir non seulement un droit, mais un devoir de ce qu'on appelle les races supérieures, revendiquant quelquefois pour elles un privilège quelque peu indu, d'attirer à elles les races qui ne sont pas parvenues au même degré de culture et de civilisation » ? C'est un autre parangon du socialisme, Léon Blum, lors du

*Débat sur le budget des Colonies à la Chambre des députés*, le 9 juillet 1925.

Quel quatrième a dit : « Faut-il que l'Algérie ferme la boucle de cette ceinture du monde en révolte depuis quinze ans contre les nations qui prétendaient les tenir en tutelle ? Eh bien non ! Cela ne sera pas, parce qu'il se trouve que l'Algérie, c'est la France, parce qu'il se trouve que les départements de l'Algérie sont des départements de la République française. Des Flandres jusqu'au Congo, s'il y a quelques différences dans l'application de nos lois, partout la loi s'impose, et cette loi, c'est la loi française » ? C'est François Mitterrand, l'emblématique premier président socialiste de la V$^e$ République alors qu'il occupe les fonctions de ministre de l'Intérieur du gouvernement Pierre Mendès France dans un discours prononcé à l'Assemblée nationale française, le 12 novembre 1954, en pleine guerre d'Algérie.

Jules Ferry, Jean Jaurès, Léon Blum, François Mitterrand, tout le panthéon socialiste se trouve rassemblé dans une même idéologie : la suffisance française issue de la Révolution française, qui, elle-même, fait descendre les idéaux universalistes chrétiens sur terre. La Déclaration des droits de l'homme et du citoyen se veut universelle – comme le christianisme issu de saint Paul quand il arme le bras des conquistadores qui débarquent dans le Nouveau Monde et détruisent les civilisations amérindiennes, présentées elles aussi comme barbares.

La mise à mort programmée des Indiens d'Amérique n'est pas le fait d'Américains puisqu'avant la fondation de l'Amérique par les colons... il ne saurait y avoir d'Américains – juste les indigènes que sont les Indiens ! Les hommes qui massacrent les Indiens sont des Européens fraîchement débarqués sur le territoire amérindien. Autrement dit : au XVIIᵉ siècle, des Britanniques, des Français, des Hollandais, des Suédois, puis des Allemands, des Irlandais, des Russes, des Italiens au début du XIXᵉ siècle. Les Européens installés aux États-Unis font venir des esclaves d'Afrique dès le XVIIᵉ.

L'extermination des Indiens est d'abord le fait d'évangélistes venus d'Europe qui souhaitent *civiliser des barbares*, autrement dit convertir par la force des païens qui adorent le soleil en chrétiens qui se prosternent devant une mère en disant qu'elle est vierge, qu'elle a accouché d'un enfant sans l'aide d'un géniteur, puis que cet enfant est mort et ressuscité le troisième jour après être monté aux cieux. À barbare, barbare et demi...

Certes la Révolution française a mis à mal certains des idéaux chrétiens, notamment tout ce qui relève de la transcendance et de la métaphysique, mais elle a souvent laïcisé les vertus évangéliques immanentes, qu'elle a transformées en droits de l'homme et du citoyen : la liberté, l'égalité, la fraternité, l'universalité, l'humanité...

En 1793, la Révolution française connaît le même mouvement que le christianisme primitif : la générosité évangélique des premiers chrétiens, qui s'appuie sur l'enseignement de Jésus pour produire une morale de l'amour du prochain, laisse place à une idéologie de fer. Devenu religion d'État, le christianisme a cessé de s'appuyer sur Jésus pour lui préférer saint Paul, que l'iconographie traditionnelle représente, ça n'est pas un hasard, avec une épée. Les chrétiens ont beau

145

dire que cette épée est l'instrument de son martyre, saint Pierre qui est sans cesse accompagné de clés (celles du paradis...) n'a pas, que je sache, été martyrisé avec un trousseau.

Les pasteurs et les prêtres ont donc massacré les Indiens qui ne souscrivaient pas à leurs billevesées ; les colons ont continué le travail parce que les indigènes les gênaient pour installer leurs exploitations rentables en plein essor capitaliste. Ce qui fut commencé au nom de Dieu fut fini au nom du capital – devenu le nouveau dieu de l'Occident.

Il en va de même avec les nègres d'Amérique ou les Arabes d'Algérie chez Tocqueville : ils entravent la civilisation, qui, après avoir été confondue avec foi et vertu, s'est trouvée assimilée à progrès et industrie. Tout comme les Indiens, les nègres sont des sauvages, les Arabes également. Heureusement que le Blanc arrive avec ses fusils et ses canons pour lui apprendre les bienfaits de la civilisation !

Sommes-nous si loin que ça de cette époque ? Pas du tout... Il n'est en effet pas très étonnant de voir que les tocquevilliens, qui disposent d'une aile gauche et d'une aile droite, ont repris cette idéologie en estimant que l'Occident, qui se pare aujourd'hui des plumes de l'Europe libérale, avait le *devoir de civiliser les barbares* – c'est le fameux devoir des races supérieures, s'il me faut parler comme Jules Ferry et Léon Blum.

Voilà pourquoi l'Amérique tocquevillienne, superbement incarnée par la famille Bush, ne trouve pas incongru de se rendre partout sur la planète où elle estime qu'il y a des États voyous afin de bombarder leurs populations civiles au nom de la lutte contre la tyrannie, bien sûr, de la haine du despotisme, évidemment, et de la nécessité, assurément, d'imposer par les bombes ce qu'elle appelle *la démocratie*.

Or, quand cette Amérique impose la démocratie, la plupart du temps elle installe l'anarchie. On ne sache pas que les interventions des troupes américaines en Afghanistan, en Irak, en Libye, par exemple, aient généré autre chose que le chaos généralisé. Certes, Saddam Hussein et Kadhafi n'étaient pas des démocrates au sens où nous l'entendons en France, mais ce qui a suivi leurs régimes est-il plus souhaitable en matière de droits de l'homme ?

Car la pendaison du chef de l'État Irakien et l'exécution d'une balle dans la tête, dans un pick-up, du président libyen ne font pas honneur aux principes démocratiques du droit des bourreaux à disposer d'un procès. Ce viol du droit international n'a pas, de facto, rendu possible la naissance de la démocratie comme naît une fleur sublime sur un fumier.

L'abolition d'une dictature d'ordre ne génère pas illico une démocratie, mais la dictature du désordre. Les responsables politiques laïcs abattus ont laissé place à des factions théocratiques qui mélangent la religion et le banditisme, le terrorisme international et le nihilisme généralisé. Contenus dans leurs nations, les dictateurs déchus n'avaient aucun projet impérialiste, au contraire de l'islamisme salafiste, qui aspire à l'instauration d'un califat planétaire.

Le droit d'ingérence est le cache-sexe de l'impérialisme occidental et du néocolonialisme que l'Occident pratique. Si l'Occident attaquait les pays qu'il cible uniquement parce qu'ils ne sont pas des démocraties, mais des dictatures qui mettent la liberté en danger sur la planète, alors il y aurait pléthore de cibles sur le globe !

Mais pourquoi celles-ci et pas d'autres ? La liste des États voyous est disponible dans les rapports d'Amnesty International. Il suffit de lire et d'aligner les noms : plus d'un mériterait l'attention belliqueuse des croisés américains ! Mais les États-Unis ont la démocratie sélective – comme Alexis...

Revenons au parc du château de Tocqueville où nous avons laissé François Mitterrand et Robert Badiner. Que diable allaient-ils faire tous les deux dans cette galère commémorative ? Donner des signes aux Américains...

Le journaliste de la presse locale, *Ouest-France*, rapporte cette visite du président, qu'on dit lettré, en terre tocquevillienne dans un article intitulé « Balade littéraire du Président en Manche » (23 juin 1986). On y apprend qu'il est accompagné de Robert et Élisabeth Badinter ; qu'il avait un complet gris souris avec un col Mao ; que son avion n'a pas pu atterrir comme prévu à Cherbourg à cause du brouillard et qu'il a dû se poser à l'aéroport de Caen-Carpiquet ; qu'ils ont déjeuné à l'auberge d'une tête de veau à l'oseille, d'une fricassée d'huîtres chaudes, d'un fondant à l'orange ; qu'un convive voyant Mitterrand entrer n'a pas voulu se trouver près de lui ; qu'il a donc visité le château de Tocqueville en se fendant de ce commentaire sur le penseur normand : « Un des esprits les plus clairvoyants depuis un siècle et demi » – un écrivain dont le localier disait que *sa cote était en hausse*... A-t-on compris le message ?

De la même manière que François Mitterrand renonce au socialisme en France dès 1983 avec son virage de la rigueur et sa conversion au libéralisme, ce président qui se présentait comme socialiste en mai 1981 rompt également avec la dimension pacifiste du socialisme en entrant dans la première guerre du Golfe aux côtés des Américains le 2 août 1990.

Après la chute du Mur de Berlin, à laquelle Mitterrand n'a rien compris, après la réunification des deux Allemagne, que Mitterrand n'avait pas prévue, après la fin du bloc soviétique, que Mitterrand n'avait pas supposée, les États-Unis se retrouvent en mal d'ennemi. Qui peut bien prendre la place des Soviétiques depuis que les Occidentaux ont fait chuter la perestroïka de Gorbatchev en jouant la carte ultralibérale d'Eltsine ? Car le complexe militaro-industriel a besoin de cibles pour faire fonctionner son business.

*Ce sera le musulman.*

L'Iran chiite fait d'abord l'affaire, même si les États-Unis ont d'abord joué la carte de Khomeiny contre celle du Shah – erreur stratégique majeure, la même qui, par antisoviétisme, leur avait fait jouer la carte de la rébellion islamique en Afghanistan contre l'occupation des troupes du pays par l'Armée rouge. C'est à cette époque, 1979, que l'Amérique arme un certain Ben Laden pour lutter contre les Soviétiques dans les montagnes afghanes...

Après la disparition de l'ennemi soviétique, les États-Unis se sont proposé de partager le monde d'une nouvelle manière. L'ennemi devenait le musulman, qu'il fallait radicaliser afin de mieux disposer d'un adversaire à leur main.

Quoi de mieux, pour radicaliser un homme ou un peuple, voire une communauté tout entière, je songe à l'umma, que d'humilier ? Semer la mort et la terreur, la dévastation et l'épouvante, perpétrer l'assassinat de masse et le crime de guerre, voilà qui permettait, outre la vente d'armes, donc le graissage du mécanisme américain, mais aussi la *construction d'un ennemi* – pour nommer un processus analysé par Pierre Conesa.

Alors que l'Afghanistan n'a jamais présenté un quelconque danger pour la France avant la présence des soldats français sur son territoire, pas plus que l'Irak et la Libye, puisqu'il s'agissait de pays amis auxquels la France vendait des armes et des centrales nucléaires, François Mitterrand a engagé la France tout entière dans un conflit de nature néocoloniale qu'il a dissimulé sous le masque du droit international, des droits de l'homme, de la défense de la liberté humiliée sur la planète.

Autrement dit, il s'agissait de rejouer la mélopée de la mission civilisatrice de la France tenue de faire reculer la barbarie planétaire sous les coups de boutoir guerriers de la civilisation. Antienne bien connue…

Sait-on quel a été le coût en vies humaines de cette opération présentée comme humanitaire ? Je cite souvent un article publié le 8 avril 2015 dans *Middle Est Eye* par Nafeez Ahmed sous le titre : « Des victimes sans valeur : les quatre millions de musulmans tués dans les guerres occidentales depuis 1990 », dans lequel on peut lire ceci : « le nombre total de victimes des interventions occidentales en Irak et en Afghanistan depuis les années 1990 (directement par des massacres et suite à l'impact à long terme des privations imposées par la guerre) s'élève probablement aux environs de 4 millions (2 millions en Irak de 1991 à 2003, puis 2 millions lors de la "guerre contre le terrorisme") et pourrait atteindre 6 à 8 millions en prenant en compte les estimations plus élevées du nombre de morts évitables en Afghanistan ».

Ce texte n'est pas signé par un activiste, mais par un politologue universitaire qui travaille à la BBC et au *Guardian*. Il dirige également l'Institute for Policy Research and Development de Brighton. Il enseigne aussi à l'université du Sussex.

Que faire de ce chiffre ? Quatre millions de morts musulmans pour lutter contre un terrorisme qui n'existait pas, et sous prétexte de lutter contre lui, avant la première bombe lancée lors de la première guerre du Golfe et rien : est-ce la même chose ? On finirait par croire que oui tant ce décompte macabre est ignoré de la plupart.

Peut-on imaginer que le ressentiment ne joue aucun rôle dans l'histoire ? Je ne crois pas. C'est au contraire une passion motrice. On ne peut impunément détruire un peuple sans qu'un jour il se rebelle par les moyens dont il dispose. Le terrorisme en est un.

Si, intellectuellement, ces massacres ont été rendus possibles, c'est parce qu'ils ont recyclé le schéma tocquevillien d'une liberté formelle présentée comme désirable pour tous, pourvu qu'il s'agisse d'Occidentaux *ou d'occidentalisés*. En revanche, pour les autres, il n'y avait que férule et matraque, fusils et canon, déportation et extermination.

Dans *De la démocratie en Amérique*, Tocqueville pense et théorise l'inégalité entre les Indiens, les nègres, les Arabes, les barbares, et les Blancs catholiques, les civilisés, tout en écrivant que « l'Amérique est la terre de la démocratie » (II, 197) ; dans son *Rapport sur l'Algérie*, il pense et théorise « l'occupation d'un pays barbare » (I, 804) au nom de la civilisation blanche et catholique. Dans le même texte, il écrit aussi : « Sans recourir à l'épée [*sic*], les Européens de l'Amérique du Nord ont fini par pousser les Indiens hors de leur [*sic*] territoire » (I, 818) – sans épée, peut-être, mais pas sans fusils et sans canons, les Indiens ont bel et bien été poussés en dehors de *leur* territoire, comme l'avoue Tocqueville.

Aguerri aux subtilités rhétoriques, le néocolonialiste évite désormais le couple barbare contre civilisé ; il lui préfère un couple plus intellectuellement rentable : celui de dictature et de démocratie, avec en tête cette idée qu'une dictature est toujours du côté de la barbarie, et une démocratie, toujours du côté de la civilisation. Or, Rome l'a appris à qui connaît un peu son histoire, il existe des dictatures qui empêchent de plus grandes barbaries encore et des démocraties qui libèrent chaque jour des barbaries – que, dans le vocabulaire de Foucault, Deleuze et Guattari, on nommait en leur temps justement des micro-fascismes.

Le droit d'ingérence est l'autre nom du droit à civiliser les barbares... Je crois pourtant qu'on n'est pas tenu d'être tocquevillien quand il existait, du temps même de Tocqueville, une possibilité de penser les relations entre les races, comme on avait alors le droit de dire, et les peuples, autrement que comme des relations inégalitaires avec justification de la sujétion de toutes les races qui n'étaient pas la blanche à elle. La différence transformée en inégalité légitimant la répartition de l'humanité entre maîtres et esclaves n'était pas une opinion universellement partagée au temps de Tocqueville. Qu'on se souvienne des élus contre lesquels il parle à l'Assemblée nationale : le député de la Seine-Maritime, Amédée Desjobert (1796-1853), le député conservateur de l'Orne Victor Destutt de Tracy (1781-1864), qui, eux, étaient contre.

Souvenons-nous que, après la mort de Tocqueville, un débat eut lieu entre Jules Ferry et Georges Clemenceau sur cette question : fallait-il, oui ou non, coloniser l'Afrique et l'Asie ? On sait que, comme Gambetta, Ferry répondait de manière affirmative à cette question.

Clemenceau, lui, y était opposé, de même qu'on l'était à la Chambre et dans le pays tout entier (Jean-Michel Gaillard, *Jules Ferry*, Fayard, p. 533). Qu'on me permette de citer longuement son intervention à la tribune de l'Assemblée nationale le 30 juillet 1885, tout y est dit : « Regardez l'histoire de la conquête de ces peuples que vous dites barbares et vous y verrez la violence, tous les crimes déchaînés, l'oppression, le sang coulant à flots, le faible opprimé, tyrannisé par le vainqueur ! Voilà l'histoire de votre civilisation ! [...] Combien de crimes atroces, effroyables, ont été commis au nom de la justice et de la civilisation. Je ne dis rien des vices que l'Européen apporte avec lui : de l'alcool, de l'opium qu'il répand, qu'il impose s'il lui plaît. Et c'est un pareil système que vous essayez de justifier en France, dans la patrie des droits de l'homme ! Je ne comprends pas que nous n'ayons pas été unanimes ici à nous lever d'un seul bond pour protester violemment contre vos paroles. Non, il n'y a pas de droit des nations dites supérieures contre les nations inférieures. Il y a la lutte pour la vie qui est une nécessité fatale, qu'à mesure que nous nous élevons dans la civilisation nous devons contenir dans les limites de la justice et du droit. Mais n'essayons pas de revêtir la violence du nom hypocrite de civilisation. Ne parlons pas de droit, de devoir. La conquête que vous préconisez, c'est l'abus pur et simple de la force que donne la civilisation scientifique sur les civilisations rudimentaires pour s'approprier l'homme, le torturer, en extraire toute la force qui est en lui au profit du prétendu civilisateur. Ce n'est pas le droit, c'en est la négation. Parler à ce propos de civilisation, c'est joindre à la violence, l'hypocrisie. » Invoquer le devoir, fût-il aujourd'hui d'ingérence, c'est en effet justifier qu'on aille s'occuper d'affaires qui ne nous concernent pas – à moins de légitimer que nous gouvernions des régions stratégiques du monde par la force...

On peut également renvoyer aux libertaires qui, tels Louise Michel ou Michel Bakounine, mais aussi, au début du siècle suivant, Jean Grave dans *La Colonisation* (1900) ou dans *Patriotisme et colonialisme* (1903) préfacé par Élisée Reclus, mais aussi Sébastien Faure dans quelques articles de son *Encyclopédie anarchiste*, ont pulvérisé les arguments des colonialistes. C'étaient, il est vrai, des socialistes comme Tocqueville ne les aimait pas...

La liberté telle que Tocqueville l'entend n'est pas pour tout le monde ; voilà la leçon qu'il faut retenir de ce livre qui s'achève. La démocratie non plus. Le penseur catholique veut organiser le monde et l'histoire autour de l'homme blanc, catholique, qui ne souscrit pas au socialisme. Il veut bien des Indiens, pourvu qu'ils aient renoncé à exister en tant que tels, puis qu'ils s'agenouillent et communient ; il n'est pas contre les nègres, pourvu qu'ils soient blanchis et ne revendiquent pas autre chose que de ressembler à leurs maîtres ; il n'est pas contre les ouvriers, pourvu qu'ils travaillent beaucoup, gagnent peu, aillent à la messe et n'envient pas les maîtres qui les emploient ; il n'est pas contre les Arabes, les musulmans, les Algériens, pourvu que leur islam se christianise au contact des Lumières françaises. La démocratie est à ce prix : l'égalitarisme prévu par Tocqueville dans sa philosophie de l'histoire s'effectuera en regard du modèle qu'il extrapole de sa propre position : il universalise sa maxime.

Depuis sa mort, le mouvement de l'histoire ne lui a pas donné raison, ni à lui ni à ceux qui s'en réclament. L'homme blanc doit faire face à un retour de bâton planétaire : il récolte désormais chez lui ce que ses ancêtres et ses suivants ont semé depuis. Tocqueville s'est trompé : l'Histoire n'est pas réalisation de la Providence qui voudrait la généralisation de la démocratie et de la liberté. S'il fallait employer son vocabulaire et ses références, on pourrait dire qu'elle obéit plutôt à Satan qu'à son Dieu providentiel...

# Appendice

**La fatalité démocratique**

*Lecture de* **L'Ancien Régime
et la Révolution** *(1856)*

Comprendre un philosophe, c'est découvrir,
savoir et connaître l'expérience existentielle fonda-
trice de son œuvre. Alexis de Tocqueville
n'échappe pas à cette règle qui veut qu'une pensée
soit, comme l'énonce Nietzsche dans *Le Gai savoir*,
« la confession autobiographique de son auteur ».
*De la démocratie en Amérique* ou *L'Ancien Régime
et la Révolution* procèdent du même enracinement
ontologique : l'ombre d'un grand ancêtre pèse sur
sa pensée comme celle d'un Commandeur.

Cet ancêtre, c'est Malesherbes, Chrétien
Guillaume de Lamoignon de Malesherbes (1721-
1794), dont Tocqueville a posé le buste sur son
bureau, comme pour travailler sous son regard.
Qui était cet homme, qu'a-t-il fait et que lui est-il
arrivé qui pèse à ce point dans l'œuvre de Tocqueville qu'il écrive, parlant de son propre travail :
« C'est parce que je suis le petit-fils de M. de
Malesherbes que j'ai écrit ces choses » ?

Notons que Tocqueville écrit bien *petit-fils*, alors qu'il est en fait son *arrière-petit-fils*, une erreur qui le rapproche affectivement de cet ancêtre auquel il reste fidèle. Dès qu'il signale cette filiation, c'est toujours en sautant une génération, de façon à conjurer l'éloignement dynastique.

Malesherbes est responsable de la censure royale. Juriste, passionné de botanique, de géologie, de littérature et de philosophie, il connaît chacun des philosophes des Lumières ; il apprécie tout particulièrement Voltaire ; il fréquente les encyclopédistes quand un arrêt du Conseil du roi interdit la publication de leur grand œuvre : « Sa Majesté a reconnu que dans ces deux volumes on a affecté d'insérer plusieurs maximes tendant à détruire l'autorité royale, à établir l'esprit d'indépendance et de révolte, et, sous des termes obscurs et équivoques, à élever les fondements de l'erreur, de la corruption des mœurs, de la religion et de l'incrédulité. » En conséquence, Malesherbes doit saisir les manuscrits des volumes à paraître : l'*Encyclopédie* va périr.

Que *fait-il* ? Lui qui est chargé par le roi de la censure royale prévient Diderot de l'imminence d'une descente de police. Le philosophe, nous dit sa fille, lui répond : « Ce que vous m'annoncez là me chagrine terriblement ; jamais je n'aurai le temps de déménager tous mes manuscrits et, d'ailleurs, il ne m'est pas facile de trouver en vingt-quatre heures des gens qui veuillent bien s'en charger et chez qui ils soient en sûreté. » Que rétorque Malesherbes ? « Envoyez-les tous chez moi, on ne viendra pas les y chercher. » Voilà l'homme !

Malesherbes est un homme de justice et de droit : il peut aussi bien publier des *Remontrances* contre le roi Louis XV que s'attaquer nommément à tel ou tel de ses ministres. Pour ces insolences, le monarque l'assigne trois années à résidence dans son château du Loiret.

Sous Louis XVI, une fois restaurée la faveur royale, il s'oppose au pouvoir des lettres de cachet, qu'il veut faire abolir ; il vide les prisons ; il peste contre les impôts trop élevés ; il fait condamner un fermier général coupable d'avoir injustement accusé un marchand de contrebande ; il travaille au texte qui prépare l'émancipation des protestants et des juifs, l'édit de Tolérance de 1788 ; il fait partie du gouvernement Turgot qui souhaite moderniser la France en profondeur. Cette modernisation n'ayant pas lieu, la Révolution française advient.

Au printemps 1791, il visite sa fille émigrée en Suisse ; il rentre en France tout en sachant qu'il prend des risques en revenant dans un pays politiquement à vif. Lorsque le roi est incarcéré pour être jugé, alors que personne ne le lui demande, il propose de le défendre. Malesherbes écrit : « J'ai été appelé deux fois au Conseil de celui qui fut mon maître dans le temps que cette fonction était ambitionnée par tout le monde ; je lui dois le même service, lorsque c'est une fonction que bien des gens trouvent dangereuse. » Lucide, le roi lui répond de sa prison du Temple : « Votre sacrifice est d'autant plus généreux que vous exposez votre vie et que vous ne sauverez pas la mienne. » Louis XVI meurt décapité ; Malesherbes le suit quelque temps plus tard sur l'échafaud.

C'est donc un vieux monsieur de soixante-douze ans que les amis de Robespierre conduisent à la guillotine le 22 avril 1794. Que lui reprochent ceux qui se disent révolutionnaires ? D'avoir aidé les philosophes, Rousseau et Voltaire, Diderot et D'Alembert ? D'avoir sauvé l'*Encyclopédie* de la mort assurée ? D'avoir aimé les arbres qu'il a plantés en quantité et les pierres qu'il collectionnait ? D'avoir concrètement travaillé au progrès, à la justice, à la liberté ? D'avoir garanti la liberté de la presse ? D'avoir protégé les intellectuels ? D'avoir défendu la loi contre l'exercice de l'arbitraire ? Non...

Le Tribunal révolutionnaire retient contre lui qu'il a défendu l'indéfendable : il voulait faire entendre à son procès la voix de qui, comme tout un chacun, a droit à la défense, voilà qui lui vaut de mourir. Pour ne pas avouer des motifs aussi scélérats, on lui reproche une conspiration avec les émigrés et la préparation d'un complot contre la sûreté de l'État – c'est ainsi qu'on nomme la visite qu'il effectue chez sa fille à Genève. Sur le registre des transferts de la prison où étaient incarcérés Malesherbes et les siens, dans la colonne *Motifs de leur arrestation*, on peut lire ceci : « Sans énonciation de motif ». Quand il prit connaissance de la sentence de mort, Malesherbes dit sobrement : « Si seulement cela avait le sens commun ! » Puis il partit à la mort en Romain.

Le Tribunal avait décidé que Malesherbes aurait donc la tête tranchée, mais qu'avant cela, dans les dernières minutes de sa vie, pour ajouter à sa torture, il verrait aussi mourir sous le tranchoir national sa fille et deux de ses petits-enfants, son gendre et deux de ses secrétaires ; son autre gendre avait été raccourci la veille.

De Malesherbes, Michelet écrit dans son *Histoire de la Révolution française* : « Il n'y avait pas un meilleur homme, plus honnête, plus généreux. » Or, la révolution jacobine de 1793 n'aime pas la bonté, l'honnêteté, la générosité ; elle lui préfère la Bonté, l'Honnêteté et la Générosité, car pour l'heure ces mots devenus des idoles sont affublés de majuscules. Dès lors, en leur nom, on tue les hommes qui ont le front de pratiquer ces vertus faites pour être adorées comme de nouveaux fétiches d'une religion alternative. Pour le Bien, les Jacobins font le mal ; pour l'Honnêteté, ils deviennent canailles et meurtriers ; pour la Générosité, ils se métamorphosent en pourvoyeurs de veuves et d'orphelins, en remplisseurs de cimetières...

Tocqueville eut envie d'écrire un livre sur Malesherbes ; il ne le fit pas. Mais nombre d'idées de l'aïeul sont passées dans l'œuvre de son descendant. Ainsi, cette colonne vertébrale de l'œuvre de Tocqueville : depuis le XIIIᵉ siècle, avec Philippe le Bel, la monarchie est coupable d'avoir centralisé le pouvoir, et la Révolution française n'est pas une rupture historique, mais, avec le magistère égalitaire des Jacobins, la continuation de cette centralisation dommageable pour le peuple, pour la liberté et pour la démocratie dont il voyait l'exercice véritable dans les parlements provinciaux.

Critique de la monarchie absolue, critique du centralisme étatique, critique du jacobinisme ; mais aussi : éloge de la démocratie, éloge de la décentralisation, éloge des associations, dont la commune, tout le programme de Tocqueville se trouve ramassé dans ces professions de foi républicaines.

Dans une note manuscrite détachée, Tocqueville écrit à nouveau ce qu'il avait déjà affirmé : « Quant à la question de savoir pourquoi j'ai cru devoir plus qu'un autre élever la voix et dire ces choses, ma réponse sera nette et précise. Je suis le petit-fils de M. de Malesherbes. Personne n'ignore que M. de Malesherbes, après avoir défendu le peuple devant le roi Louis XVI, a défendu le roi Louis XVI devant le peuple. C'est un double exemple que je n'ai point oublié et que je n'oublierai jamais. » Dans ce second texte, il commet à nouveau la faute de se dire *petit-fils*, il parle également de *choses* sans qu'on sache lesquelles, mais peu importe : car tout ce que Tocqueville fit, dit, écrivit, il le pensa sous le regard de son ancêtre guillotiné. Le combat pour la liberté fut son perpétuel horizon philosophique, et ce dans un monde où elle n'est pas la vertu la mieux aimée.

L'historiographie dominante fait de la Révolution française la grande rupture historique en France, certes, mais aussi en Europe, voire dans le monde : avant 1789, la féodalité, la monarchie, l'Ancien Régime, le servage, la misère des petits et la gabegie des grands ; après 1789, la démocratie, la République, les droits de l'homme, la liberté, la dignité des petits et l'éviction des grands. Le mal ; puis le Bien. Le monde des ténèbres ; puis la sortie dans la lumière. Le diable ; puis le bon Dieu.

Or, les choses sont bien plus complexes : Louis XVI fut l'artisan de nombre de réformes démocratiques majeures, la plupart du temps passées sous silence, et les Jacobins ont été les promoteurs de régressions antidémocratiques sans nom. Le roi ne fit jamais couler le sang ; les Jacobins s'y sont vautrés. Le monarque a toléré les opposants, mêmes quand ils l'injuriaient copieusement, lui et sa famille ; Robespierre et les siens envoyaient à la guillotine quiconque ne partageait pas à la lettre leur vision du monde.

Tocqueville ne souscrit pas à cette lecture simpliste qui ouvre l'histoire de France en deux avec un avant plongé dans les ténèbres monarchistes et un après éclairé par le feu des Lumières. Il estime que, pendant des siècles, la monarchie n'a pas su faire place à la modernité, à la liberté, à la prospérité, qu'elle a négligé le peuple, qu'elle a fonctionné en concentrant le pouvoir entre les mains du roi tout-puissant. Cette centralisation, la Révolution française ne l'a pas abolie, elle l'a purement et simplement reprise à son compte. Robespierre n'est donc pas l'ennemi du roi, mais son continuateur. La thèse est proprement... révolutionnaire !

Dans le même siècle, Marx, juif antisémite, a pensé le capital ; Tocqueville, aristocrate déchu et catholique agnostique, a procédé de même avec la liberté. Le premier a passé un temps considérable sur un objet qui a disparu avec lui : le capitalisme étant plastique, celui qu'il analysa au XIX$^e$ n'a plus rien à voir avec celui du XX$^e$, encore moins avec celui du XXI$^e$ siècle. En revanche, le second a pensé la liberté à partir du passé, celui de l'Ancien Régime et de la Révolution française, mais aussi à partir du présent, celui de la démocratie américaine. Si ce qu'il a écrit des États-Unis procède évidemment de son temps, ce qu'il a affirmé de la liberté échappe à l'événement et vaut pour aujourd'hui encore, un temps qui ressemble au sien et lui faisait écrire dès les premières lignes de *L'Ancien Régime et la Révolution* : « Plusieurs m'accuseront peut-être de montrer dans ce livre un goût bien intempestif pour la liberté, dont on m'assure que personne ne se soucie plus guère en France » (*Œuvres*, Pléiade, tome III, p. 48).

Outre que ce *goût bien intempestif pour la liberté* semble un trait de caractère des Normands qui se sont illustrés dans les lettres – Fontenelle et Saint-Évremond, Mirbeau et Barbey d'Aurevilly, Maupassant et Flaubert, Alain et Jean Malaurie furent chacun à leur manière des chevaux fous... –, Tocqueville illustre également un trait commun à ses compatriotes : le talent pour aborder les choses en biais, autrement, différemment, subjectivement – un effet de l'exercice de la liberté, justement.

De sorte que ce livre sur la Révolution française n'est pas un ouvrage d'historien, mais une œuvre de philosophe : on n'y trouve rien sur les faits et gestes révolutionnaires, mais tout sur la pensée de l'événement : qu'est-ce que la Révolution française ? D'où vient-elle ? Pourquoi a-t-elle lieu ? Et pourquoi donc en France et nulle part ailleurs en Europe ? Pourquoi à cette époque, et pas avant ? Ou après ? Comment expliquer que la monarchie s'effondre d'un seul coup et tout entière ?

Bien avant Nietzsche, Tocqueville fait du philosophe le penseur de la généalogie : pourquoi ce qui est est tel qu'il est ? Comment est-il advenu ainsi et pas autrement ? Cette méthode est nouvelle.

Avec cette épistémologie inédite, Tocqueville avance dans le paradoxe : il parvient en effet à écrire un livre sur la Révolution française sans jamais parler d'elle. En effet, *L'Ancien Régime et la Révolution française* ne cite jamais aucun grand nom des acteurs de cette période : on chercherait en vain les patronymes de Robespierre, Danton, Marat, Saint-Just, Brissot, Vergniaud. Tout juste une ou deux mentions de Mirabeau, qui aurait pu être son grand homme. Pas plus il n'est question de feuillants ou de monarchiens, de Girondins ou de Montagnards, de Jacobins ou d'hébertistes. On n'y trouve mention d'aucun moment fort de la Révolution : rien sur la convocation des états généraux, rien sur la prise de la Bastille, rien sur le serment du Jeu de paume, rien sur la nuit du 4-Août qui décrète l'abolition des privilèges – rien sur tous les événements qui suivent et conduisent à Thermidor. Juste une mention de la Terreur, mais de façon adjacente, dans une phrase sans conséquence. Oxymorique toujours, Tocqueville écrit sur la Révolution française en évitant d'en parler.

Pourtant, il en parle tout le temps ; chaque ligne y mène ; chaque démonstration y conduit ; chaque propos y court. Il explique en effet, *et il est le seul à le faire*, la causalité de cet événement majeur. Cette causalité est polymorphe et le conduit à envisager les généalogies rationnelles, historiques, sociologiques, politiques, fiscales, économiques, juridiques qui toutes convergent vers le foyer révolutionnaire. À la manière du mathématicien qui, sur un tableau noir, accumule les formules complexes permettant de conclure et de prouver le moment venu, Tocqueville a le charme austère du savant pour lequel $1+1 = 2$.

Loin de l'opposition entre un Ancien Régime ténébreux et une Révolution lumineuse, la Révolution française telle qu'elle est habituellement racontée n'a donc pas eu lieu : elle fut un moment dans le mouvement de l'Histoire qui a contribué à des catastrophes : la centralisation du pouvoir politique, la domination de Paris sur le reste de la France, l'effacement du pouvoir populaire exercé dans les parlements régionaux, l'avènement de l'administration et de la bureaucratie, la naissance du gouvernement des hommes considérés comme des choses et le « despotisme démocratique » dont nous voyons les effets tous les jours. Le pire de l'Ancien Régime fut la matrice de la Révolution française ; le meilleur en fut sa cible.

L'une des nombreuses victoires de la Révolution française est sémantique : depuis lors, l'expression *Ancien Régime* est connotée négativement, alors que *Révolution française* est une formule chargée de positivité.

Tocqueville est insensible aux mythologies de ce type. L'Ancien Régime est ce qu'il est, la Révolution française est ce qu'elle est, et ce n'est pas l'idéologie qui renseigne sur leurs natures véritables, mais l'histoire qui est travail sur les archives et les documents, les textes et les manuscrits, les dossiers et les écritures. Il a pour ce faire consulté les actes publics, les procès-verbaux des assemblées d'états et des assemblées provinciales, les registres seigneuriaux, les terriers, les rapports faits aux intendants, les livres des feudistes, les cahiers de doléances des trois ordres, le cadastre.

Chez lui, l'idée et l'avis suivent la recherche, ils ne la précèdent ni ne la commandent. Tocqueville est un empirique aux antipodes d'un Rousseau, qui écrit sans vergogne dans son *Discours sur l'origine de l'inégalité parmi les hommes* : « Commençons par écarter les faits »... Tocqueville écrirait plutôt quant à lui : « Commençons par examiner les faits. » Ce qui lui donne une place à part dans le monde intellectuel et philosophique d'hier et d'aujourd'hui, tout à sa dévotion du citoyen de Genève.

À Paris, on écarte volontiers les faits, on a tellement le goût des bons mots et la passion du jongleur pour les idées ; à Valognes, dans la Manche, en Normandie, pareille dévotion aux mots fait sourire : on a le souci des faits, des actes, des choses plus que des mots. Conseiller général, puis président de conseil général en province, ensuite député et ministre des Affaires étrangères à la capitale, voilà qui oblige à penser juste et direct, précis et factuel, là où le philosophe politique s'appuie la plupart du temps sur sa bibliothèque en ne faisant confiance qu'à sa fantaisie. Montesquieu, duquel on le rapproche si souvent, fut conseiller, puis président à mortier du parlement de Bordeaux ; Rousseau fut un adepte des petits métiers, ne vivant que de la protection des aristocrates – des femmes de préférence. Le premier pense le monde – qu'il connaît ; le second, l'idée qu'il se fait du monde – qu'il chérit comme sa sécrétion. Tocqueville est de la race des penseurs du monde.

Voilà pourquoi l'Ancien Régime n'est pas pour lui l'abomination de la désolation que la Révolution française abolirait comme le jour abolit la nuit. Car, c'est sa thèse, on le sait, la Révolution française ne supprime pas l'Ancien Régime, elle le conforte dans ce qu'il a de pire et elle le détruit dans ce qu'il a de meilleur. Le pire : le tropisme centralisateur – qui conduit à Robespierre. Le meilleur : la passion de la liberté – qui animait l'esprit de 1789.

Selon Tocqueville, dans l'Ancien Régime règne en effet la liberté : le servage a disparu – en Normandie, depuis le XIIIe siècle, écrit-il ; le paysan est devenu propriétaire foncier, la moitié des terres lui appartient ; il va et vient, achète et vend, traite et travaille à sa guise ; le seigneur ne dirige pas les élus, qui le sont soit par l'effet de la nomination de l'intendant du roi, soit par les élections paysannes elles-mêmes ; ces élus répartissent l'impôt, réparent les églises, bâtissent les écoles, rassemblent et président l'assemblée de la paroisse, veillent au bien communal, en répartissent l'usage, intentent des procès au nom de la communauté ; pas plus les nobles ne dirigent les paysans ; la corvée seigneuriale est presque partout abolie ; les droits de péage sont modérés ou détruits ; les tribunaux sont indépendants ; l'Église, qui a partie prenante avec la féodalité, est devenue tolérante, les vices y sont ni plus ni moins nombreux que dans toute autre institution humaine ; elle a rendu possible la propriété foncière, garantie de la liberté ; les parlements provinciaux contiennent l'arbitraire royal ; la prospérité est évidente : la population augmente, les richesses s'accroissent, les particuliers s'enrichissent, l'esprit d'entreprise croît, l'inventivité s'emballe.

Après avoir lu ses cahiers de doléances en date de 1789, l'indévot Tocqueville écrit ceci du clergé : « Il proclame que la liberté individuelle doit être garantie, non point par des promesses, mais par une procédure analogue à celle de l'habeas corpus. Il demande la destruction des prisons d'État, l'abolition des tribunaux exceptionnels et des évocations, la publicité de tous les débats, l'inamovibilité de tous les juges, l'admissibilité de tous les citoyens aux emplois, lesquels ne doivent être ouverts qu'au seul mérite ; un recrutement militaire moins oppressif et moins humiliant pour le peuple, et dont personne ne sera exempt ; le rachat des droits seigneuriaux, qui, sortis du régime féodal, dit-il, sont contraires à la liberté ; la liberté illimitée du travail, la destruction des douanes intérieures ; la multiplication des écoles privées : il en faut une, suivant lui, dans chaque paroisse, et qu'elle soit gratuite ; des établissements laïcs de bienfaisance dans toutes les campagnes, tels que des bureaux et des ateliers de charité ; toutes sortes d'encouragement pour l'agriculture » ; il veut que la nation se réunisse pour décider de ses lois et de l'assiette de ses impôts ; il estime qu'aucun Français ne devrait avoir à payer un impôt qu'il n'a pas explicitement décidé par lui-même ou ses représentants élus ; il veut que les délégués aux états généraux soient librement désignés et qu'ils se réunissent annuellement pour discuter des grandes affaires du pays ; il souhaite que la nation décide de son budget et le contrôle, jusques et y compris celui de Versailles ; il aspire à l'inviolabilité des députés ; il veut des ministres responsables ; il demande également, et la chose ne pouvait que plaire à Tocqueville, grand ennemi de la centralisation, « que des assemblées d'états soient créées dans toutes les provinces et des municipalités dans toutes les villes ». Puis il conclut de l'examen de ces cahiers de doléances : « Du droit divin, pas le mot » (III, 149).

Nous sommes loin des diatribes des philosophes contre le clergé courroie de transmission de l'exploitation du peuple par la monarchie. Tocqueville n'est pas dans le procès idéologique a priori, mais dans la phénoménologie factuelle a posteriori. Il travaille en archives, il examine les dossiers, il épluche les documents, il lit ce qui est écrit dans les cahiers de doléances, il prend ainsi connaissance de ce qui est réellement dit, donc véritablement pensé, puis il conclut que, certes, il peut exister un clergé intolérant, arc-bouté sur ses privilèges, mais qu'il existe également un clergé éclairé, désireux de paix, de justice et de progrès social. Rien dans le noir et blanc conceptuel, tout dans le gris du réel. Tocqueville, qui parle rarement à la première personne, écrit : « J'ai commencé l'étude de l'ancienne société plein de préjugés contre lui [sic], je l'ai finie, plein de respect » (III, 149).

Malgré tout, « la nation marche visiblement vers la révolution » (III, 200), constate Tocqueville. Il le constate en même temps qu'il soulève un paradoxe : « Les Français ont trouvé leur position d'autant plus insupportable qu'elle devenait meilleure » (III, 202). Autrement dit : plus l'arbitraire règne, moins le désir de liberté est grand ; moins l'arbitraire est grand, plus le désir de liberté augmente. Cette dynamique est singulière, elle relève d'une fatalité : celle de la Providence qui gouverne l'histoire.

Tocqueville se fait le généalogiste de la domination de Paris sur le reste de la France. L'une des leçons de la Révolution française est qu'elle a détruit les provinces de l'Ancien Régime qui aimaient la liberté et pratiquaient ce que l'on pourrait appeler l'autogestion, au profit de Paris, la capitale, qui préfère l'égalité, fût-ce au détriment de la liberté, et le centralisme que d'aucuns nommeront démocratique au XX$^e$ siècle – alors qu'il sacrifiait et la liberté et l'égalité.

L'aristocrate que la fatalité de l'histoire place en position de ne plus exercer le pouvoir autrement que par l'élection n'est pas réactionnaire ; il n'a jamais eu le désir de restaurer la monarchie. Il sait qu'en vertu de la fatalité providentielle ce qui est n'a pas pu ne pas être.

Mais Tocqueville n'aime ni la noblesse, qui n'est pas à la hauteur ; ni la bourgeoisie, qui hérite du pouvoir après que la Révolution française le lui a donné ; ni les économistes physiocrates, qui sont des libéraux économiques de l'époque, mais ne veulent la liberté que pour la production ; ni les socialistes, des dévots utopistes de l'égalitarisme qui méprisent la liberté ; ni les philosophes, on dirait depuis l'affaire Dreyfus les intellectuels, qui fabulent des fictions meurtrières.

Qui aime-t-il ? Le peuple. Tocqueville rapporte cette anecdote célèbre d'une madame du Châtelet « qui ne faisait pas difficulté, nous dit le secrétaire de Voltaire, de se déshabiller devant ses gens, ne tenant pas pour bien prouvé que des valets fussent des hommes » (III, 207). La marquise qui aime les mathématiques, traduit Newton, couche avec Voltaire, étudie Leibniz, écrit un *Discours sur le bonheur,* donne aujourd'hui son nom à un institut dont la spécialité est l'étude du genre...

La monarchie a oublié le peuple, elle l'a négligé. Comme madame du Châtelet, elle a fait comme s'il n'existait pas. Noble et digne, le peuple se taisait ; comme il se taisait, on a cru qu'il n'avait rien à dire, et ce sous prétexte qu'il ne pensait rien, car il ne pensait pas. « En le voyant si insensible, on le jugeait sourd ; de sorte que, quand il commença à s'intéresser à son sort, on se mit à parler devant lui de lui-même comme s'il n'avait pas été là. Il semblait qu'on ne dût être entendu que de ceux qui étaient placés au-dessus de lui, et que le seul danger qu'il y eût à craindre était de ne pas se faire bien comprendre d'eux » (III, 205). Devant lui, les agents du gouvernement, les privilégiés du système parlent de ses misères sans imaginer quels effets ces discussions peuvent produire sur sa dignité, puis sur ses passions : la colère, l'envie, la jalousie, le ressentiment deviennent de cette manière des passions dominantes.

Les nobles et les bourgeois quittent les campagnes. Les premiers perdent leur pouvoir et quittent leurs châteaux qu'ils ne peuvent plus entretenir, ils vont vivre en ville ; les seconds, enrichis par l'achat des biens confisqués par la Révolution française, se précipitent aussi dans les villes. Ce genre d'exode rural touche les anciens aristocrates et les nouveaux riches ; il vide les campagnes et remplit Paris. Les paysans riches n'ont eu de cesse d'offrir à leurs enfants les charges qui les sortent du travail ingrat et incertain de la terre pour en faire des fonctionnaires de l'État aux revenus sûrs et à l'emploi stable.

« Du temps de la Fronde, Paris n'est encore que la plus grande ville de France. En 1789, il est déjà la France même » (III, 113). Tocqueville cite Montesquieu, puis Mirabeau père, qui, en leur temps, déjà, analysent le mouvement qui vide les provinces pour remplir la capitale. D'abord, en aspirant les notables, les gens d'affaires, puis les gens d'esprit ; ensuite, en siphonnant les riches propriétaires de terre et leurs enfants. La concentration de toute la vie publique à Paris va croissant.

Certes, le pouvoir royal lutte contre cette dynamique. Les gouvernements successifs interdisent de bâtir de nouvelles maisons dans la capitale ; ils obtiennent que ne soient bâties que de riches demeures ; ils les concentrent dans des lieux peu attrayants et désignés. En vain : Paris grossit encore ; Paris grossit toujours.

Pendant ce temps, les provinces se dévitalisent, elles perdent leurs singularités et finissent par toutes se ressembler. « Ce n'était pas pourtant que la nation tombât en langueur : le mouvement y était au contraire partout ; seulement le moteur n'était plus qu'à Paris » (III, 114).

Tocqueville donne l'exemple de la librairie : au XVIᵉ et au XVIIᵉ siècle, leur nombre est considérable en province ; à l'heure où il écrit, il n'y a plus d'imprimeurs ou, quand ils existent encore, ils n'ont plus de travail : « On ne saurait douter pourtant qu'il ne se publiât infiniment plus d'écrits de toute sorte à la fin du XVIIIᵉ siècle qu'au XVIᵉ ; mais le mouvement de la pensée ne partait plus que du centre. Paris avait achevé de dévorer les provinces » (*id.*).

Pour définir et désigner ce mouvement qui vide les campagnes et remplit Paris, Tocqueville parle d'une « révolution sourde » (*id.*). Il signale que, au moment où la Révolution française advient, « cette première révolution est entièrement accomplie » (III, 115).

En 1789, Paris bruit de la Révolution : pléthore de pamphlets, création de journaux, mouvements de foule, prises de parole, effervescence d'orateurs, vortex d'idées ; au même moment, dans les provinces, on attend : que va faire Paris ? La capitale donne le ton au reste de la France. La France ne vit plus qu'à l'heure de sa capitale ; les provinces guettent la nourriture qui tombe des tables parisiennes.

L'Assemblée constituante décide d'abolir les provinces. Elles disparaissent d'un seul coup avec le décret du 22 septembre 1789 qui dépèce l'ancien royaume pour en faire des départements divisés en districts, eux-mêmes partagés en cantons. Les assemblées provinciales et les États provinciaux disposaient d'une relative autonomie par rapport à Paris. La monarchie eut souvent affaire à ces instances qui ne lui étaient pas acquises a priori et agissaient en contre-pouvoirs du gouvernement centralisateur royal.

En même temps, Paris se métamorphose : elle était la ville des échanges, des affaires, de la consommation et du plaisir ; elle devient la cité des fabriques, des manufactures, des usines, des hauts-fourneaux, donc des ouvriers. On y commerçait, on y échangeait, on y vendait, on y troquait, on y achetait, on y mangeait, on y buvait, on y dansait, on y couchait ; désormais on y fabrique, on y produit, on y manufacture. Normal : « Paris devenant de plus en plus le modèle et l'arbitre du goût, le centre unique de la puissance et des arts, le principal foyer de l'activité nationale, la vie industrielle de la nation s'y retire et s'y concentre davantage » (III, 116). Dans le vocabulaire marxiste, Paris se prolétarise.

Cet afflux des prolétaires vers Paris génère leur concentration dans des quartiers où ils bénéficient de privilèges : ils disposent d'un régime de fiscalité dérogatoire. Louis XVI justifie ces privilèges fiscaux en libéral : il veut faciliter la liberté du commerce. C'est, déjà, le protectionnisme de ceux qui demandent pour eux le laisser-faire. Des quartiers entiers de Paris se trouvent ainsi prolétarisés. « Ainsi Paris était devenu le maître de la France, et déjà s'assemblait l'armée qui devait se rendre maîtresse de Paris » (III, 117).

Cette analyse effectuée par Tocqueville peut se formuler dans des termes marxistes : disparition de l'aristocratie féodale concomitante à l'apparition d'une bourgeoise d'affaires grâce à 1789, qui fut en ce sens une révolution bourgeoise ; confiscation par les révolutionnaires des biens du clergé et de la noblesse ; vente aux possédants, qui augmentent ainsi leurs richesses ; embourgeoisement d'une classe qui déserte les campagnes pour lui préférer les villes ; désertification des campagnes ; déplacement du pouvoir dans la capitale, où la bourgeoise et le prolétariat se font face ; confiscation du pouvoir par la bourgeoise ; spoliation du prolétariat ; paupérisation, autrement dit : enrichissement des riches, qui deviennent de plus en plus riches, et appauvrissement des pauvres, qui deviennent de plus en plus pauvres ; concentration de la situation révolutionnaire dans Paris – donc : avènement de la Révolution à Paris...

« Paris, devenu de plus en plus le seul précepteur de la France, achevait de donner à tous les esprits une même forme et une allure commune » (III, 120). Pour parfaire ce lissage des intelligences, les philosophes, qu'on n'appelle pas encore les intellectuels, jouent un rôle majeur. Tocqueville, qui est un philosophe au fait de la pratique, qui connaît le réel, qui ne plane pas dans les nuées intellectuelles, qui a le sens du concret, regarde les philosophes avec un regard d'une extrême perspicacité.

Quand arrive la Révolution française, le pays est devenu en Europe le plus littéraire qui soit. Nulle part le pouvoir des gens de lettres, des penseurs, des écrivains, des littéraires n'a été aussi grand dans l'histoire que dans le Paris d'avant le craquement de 1789. Au milieu du XVIIIe siècle, les salons parisiens tiennent un rôle majeur. Il n'est pas rare de voir dans une même soirée, sous un même toit, autour d'une même table, se côtoyer les plumes les plus célèbres du moment : Voltaire, Condorcet, Rousseau, Hume, Diderot, D'Alembert, D'Holbach, Helvétius, Condillac...

Tocqueville remarque qu'en Angleterre les philosophes sont impliqués au quotidien dans les affaires du gouvernement, qu'ils ne sont pas fonctionnaires de l'État, ni employés par celui-ci. En Allemagne, ils sont perdus dans le ciel des idées pures. En France, ils dissertent à longueur de temps sur l'origine des sociétés, leurs formes primitives, les droits des citoyens et ceux de l'autorité, la nature des rapports entre les hommes, les rôles de la nature et de la culture, le bien-fondé ou non de la coutume, les principes des lois. « Cette sorte de politique abstraite et littéraire était répandue à doses inégales dans toutes les Œuvres de ces temps-là, et il n'y en a aucune, depuis le lourd traité jusqu'à la chanson, qui n'en contienne un peu » (III, 170). Tocqueville décrit ici ce que Marx nomme l'idéologie.

Les philosophes proposent des systèmes politiques en quantité ; mais tous se contredisent ; aucun n'est conciliable en une synthèse utile. Malgré tout ce qui les sépare et les oppose, une chose les réunit : « Tous pensent qu'il convient de substituer des règles simples et élémentaires, puisées dans la raison et dans la loi naturelle, aux coutumes compliquées et traditionnelles qui régissent la société de leur temps » (III, 170).

Pensée qui n'est guère originale puisqu'on la trouve trois mille ans en amont et qu'elle définit l'utopie ! Mais comment fait-elle, cette idée ancienne, pour devenir courante et entrer dans toutes les intelligences, des plus affûtées aux plus frustes ? « Comment des hommes de lettres qui ne possédaient ni rangs, ni honneurs, ni richesses, ni responsabilité, ni pouvoir, devinrent-ils, en fait, les principaux hommes politiques du temps, et même les seuls, puisque, tandis que d'autres exerçaient le gouvernement, eux seuls tenaient l'autorité » (III, 170-171).

Il suffit aux philosophes de regarder la société et de dire ce qu'ils voient : constater qu'il existe d'écrasants privilèges donne envie de travailler à l'égalité des conditions. Chez Tocqueville, les idées ne tombent pas du ciel, elles montent de la matière du monde. Le désir d'égalité pour tous naît du spectacle de l'inégalité généralisée.

La multiplicité des institutions, dont on ne comprend plus d'où elles viennent, pourquoi elles existent, mais dont on voit bien qu'elles agissent en courroie de transmission de ces fameuses inégalités, donne à ces philosophes envie d'en finir avec la tradition. De sorte qu'« ils étaient naturellement conduits à vouloir rebâtir la société de leur temps d'après un plan entièrement nouveau, que chacun d'eux traçait à la seule lumière de sa raison » (III, 171). L'ancien avait failli, il reposait sur les coutumes ; le nouveau doit surgir, il reposera sur la raison. D'une part le passé générateur d'inégalités ; d'autre part le futur, producteur d'égalité et régénérateur de l'humanité.

Tocqueville écrit une page magnifique et définitive sur les philosophes : « La condition même de ces écrivains les préparait à goûter les théories générales et abstraites en matière de gouvernement et à s'y confier aveuglément. Dans l'éloignement presque infini où ils vivaient de la pratique, aucune expérience ne venait tempérer les ardeurs de leur naturel ; rien ne les avertissait des obstacles que les faits existants pouvaient apporter aux réformes, même les plus désirables ; ils n'avaient nulle idée des périls qui accompagnent toujours les révolutions les plus nécessaires. Ils ne les pressentaient même point ; car l'absence complète de toute liberté politique faisait que le monde des affaires ne leur était pas seulement mal connu, mais invisible. Ils n'y faisaient rien et ne pouvaient même voir ce que d'autres y faisaient. Ils manquaient donc de cette instruction superficielle que la vue d'une société libre, et le bruit de tout ce qui s'y dit, donnent à ceux mêmes qui s'y mêlent le moins du gouvernement. Ils devinrent ainsi beaucoup plus hardis dans leurs nouveautés, plus amoureux d'idées générales et de systèmes, plus contempteurs de sagesse antique et plus encore confiants dans leur raison individuelle que cela ne se voit communément chez les auteurs qui écrivent des livres spéculatifs sur la politique » (III, 171-172).

Cette page intempestive échappe aux catégories de l'histoire pour entrer dans celle de l'universel. Les philosophes ne sont que des hommes d'idées, de concepts, d'abstractions, de théorie, de systèmes, de généralités ; Tocqueville, quant à lui, croit aux vertus de l'expérience, de la pratique, il réfléchit à partir de cas concrets, de faits, de la réalité dont il sait qu'elle résiste à l'intellectualité pure – du moins qu'elle n'obéit pas aux injonctions de la raison.

Parce qu'il est un penseur empirique, ce qui paraît une antinomie sur le continent européen, Tocqueville sait que, quand les faits donnent tort à une idée, c'est l'idée qui est fausse et qu'il est vain de vouloir changer les faits pour donner raison à ce qui a tort... La raison pure accouche de gros monstres, alors que la pensée expérimentale obtient de petits résultats patents. Certes, les monstres ont la beauté de la laideur qui fascine tant les amateurs de chimères, mais il vaut mieux des créations moins monstrueuses qui ne mettent pas le monde à feu et à sang.

La foule adhère aux idées des philosophes. Elle a été tenue à l'écart des affaires du pays pendant trop longtemps. Son désir de participer au gouvernement des choses qui le concernent est grand. Si les Français avaient été concernés par l'exercice du pouvoir, par exemple « dans les assemblées des provinces, on peut affirmer qu'ils ne se seraient jamais laissés enflammer, comme ils le firent alors, par les idées des écrivains ; ils eussent retenu un certain usage des affaires qui les eût prévenus contre la théorie pure » (III, 172). Nostalgie des assemblées provinciales et du pouvoir direct du peuple sur lui-même.

Ceux que l'administration, étatique, monarchique, centralisée écarte, ceux qui sont ruinés par la fiscalité royale, souscrivent avec jubilation à cette « politique littéraire » (*id.*). Les philosophes prennent le pouvoir là où les hommes politiques l'ont laissé avant de l'avoir perdu. Jadis les nobles donnaient le ton quant aux idées ; avant 1789, les écrivains les supplantent dans le magistère idéologique, d'autant plus que les aristocrates font désormais cause commune avec eux.

Les nobles, gens de loisir, considèrent que la philosophie est un jeu d'enfant, un divertissement sans conséquences, un passe-temps agréable. Ils croient que la raison suffira à tout changer et à installer un ordre nouveau. Mais ils ignorent le péril qui s'annonce : on ne change pas tout sans détruire tout, et on ne détruit pas tout sans violence. Personne n'a rien vu venir, ni les magistrats, ni les ministres, ni les intendants, aussi aveugles que les philosophes, les nobles et le peuple. Tous ont fui le réel, l'histoire et les faits pour se réfugier dans l'imaginaire des philosophes. Quelque temps plus tard, des têtes sont portées au bout des piques. On mange de la chair humaine à Caen en 1789.

Contre ceux qui se croient ses amis parce qu'ils se contentent de le dire, Tocqueville a des propos sévères sur les libéraux économiques pour lesquels l'argent est l'horizon indépassable de toute politique. Le philosophe cible tout particulièrement les physiocrates, dont il méprise la logique résumée dans le « laissez-faire et laissez-passer » et qui veulent détruire tout ce qui empêche leur projet. « La plupart commencent par se montrer fort ennemis des assemblées délibérantes, des pouvoirs locaux et secondaires, et, en général, de tous ces contrepoids qui ont été établis, dans différents temps, chez tous les peuples libres, pour balancer la puissance centrale » (III, 187-188). Rappelons que ces lignes datent de 1856...

Le physiocrate veut que l'État formate « l'esprit des citoyens » (III, 190) dans le sens de son idéologie ; il cherche à transformer l'homme – « il ne tiendrait peut-être qu'à lui d'en faire d'autres ! "L'État fait des hommes tout ce qu'il veut", dit [l'un d'entre eux]. Ce mot résume toutes leurs théories » (*id.*).

À propos de ces libéraux, « les économistes » comme il les nomme, qui, paradoxalement, font de l'État leur instrument, Tocqueville écrit : « Cette forme particulière de la tyrannie qu'on nomme le despotisme démocratique » (III, 190) est une invention récente – milieu du XVIII<sup>e</sup> siècle. Liberté du commerce avant tout, formatage des individus par l'État à cette idéologie, volonté de produire un homme nouveau, forme particulière de la tyrannie, despotisme démocratique : ces analyses n'ont pris aucune ride... Mieux : elles sont prémonitoires.

Qu'est-ce qui définit ce « despotisme démocratique » ? On m'excusera de citer longuement, mais ce texte formidable mérite la lecture : « Je veux imaginer sous quels traits nouveaux le despotisme pourrait se produire dans le monde : je vois une foule innombrable d'hommes semblables et égaux qui tournent sans repos sur eux-mêmes pour se procurer de petits et vulgaires plaisirs, dont ils emplissent leur âme. Chacun d'eux, retiré à l'écart, est comme étranger à la destinée de tous les autres : ses enfants et ses amis particuliers forment pour lui toute l'espèce humaine ; quant au demeurant de ses concitoyens, il est à côté d'eux, mais il ne les voit pas ; il les touche et ne les sent point ; il n'existe qu'en lui-même et pour lui seul, et s'il lui reste encore une famille, on peut dire du moins qu'il n'a plus de patrie.

« Au-dessus de ceux-là s'élève un pouvoir immense et tutélaire, qui se charge seul d'assurer leur jouissance et de veiller sur leur sort. Il est absolu, détaillé, régulier, prévoyant et doux. Il ressemblerait à la puissance paternelle si, comme elle, il avait pour objet de préparer les hommes à l'âge viril ; mais il ne cherche, au contraire, qu'à les fixer irrévocablement dans l'enfance ; il aime que les citoyens se réjouissent, pourvu qu'ils ne songent qu'à se réjouir. Il travaille volontiers à leur bonheur ; mais il veut en être l'unique agent et le seul arbitre ; il pourvoit à leur sécurité, prévoit et assure leurs besoins, facilite leurs plaisirs, conduit leurs principales affaires, dirige leur industrie, règle leurs successions, divise leurs héritages ; que ne peut-il leur ôter entièrement le trouble de penser et la peine de vivre ?

« C'est ainsi que tous les jours il rend moins utile et plus rare l'emploi du libre arbitre ; qu'il renferme l'action de la volonté dans un plus petit espace, et dérobe peu à peu chaque citoyen jusqu'à l'usage de lui-même. L'égalité a préparé les hommes à toutes ces choses : elle les a disposés à les souffrir et souvent même à les regarder comme un bienfait.

« Après avoir pris ainsi tour à tour dans ses puissantes mains chaque individu, et l'avoir pétri à sa guise, le souverain étend ses bras sur la société tout entière ; il en couvre la surface d'un réseau de petites règles compliquées, minutieuses et uniformes, à travers lesquelles les esprits les plus originaux et les âmes les plus vigoureuses ne sauraient se faire jour pour dépasser la foule ; il ne brise pas les volontés, mais il les amollit, les plie et les dirige ; il force rarement d'agir, mais il s'oppose sans cesse à ce qu'on agisse ; il ne détruit point, il empêche de naître ; il ne tyrannise point, il gêne, il comprime, il énerve, il éteint, il hébète, et il réduit enfin chaque nation à n'être plus qu'un troupeau d'animaux timides et industrieux, dont le gouvernement est le berger.

« J'ai toujours cru que cette sorte de servitude, réglée, douce et paisible, dont je viens de faire le tableau, pourrait se combiner mieux qu'on ne l'imagine avec quelques-unes des formes extérieures de la liberté, et qu'il ne lui serait pas impossible de s'établir à l'ombre même de la souveraineté du peuple » (II, 836-837).

Texte remarquable, car il décrit ce qui va advenir après lui, donc, ce qui est advenu depuis lui et dont nous mesurons tous les jours les effets : une indifférenciation de classe, un homme unidimensionnel, un égalitarisme généralisé, un peuple transformé en populace, un citoyen dépossédé de son pouvoir, la dictature d'un pouvoir insoucieux du peuple bien qu'il prétende agir pour lui, le pouvoir d'une idéologie d'État, l'impuissance des lois pour changer les choses, la violence comme seul recours possible, l'avènement d'un maître.

Ces pages datées de la moitié du XIXᵉ siècle annoncent les régimes politiques du XXᵉ siècle et ceux du nôtre : le conseil fasciste, le politburo marxiste-léniniste, le Davos libéral qui tous dévorent à pleines dents politiques l'individu et ses libertés.

Tocqueville propose une généalogie inédite du socialisme en le faisant sortir de ces théories des économistes. Il renvoie au *Code de la nature* (1755) de Morelly qui pose les bases du communisme : droits illimités et toute-puissance de l'État, abolition de la propriété, criminalisation de ceux qui résistent à la communauté des biens, centralisation et redistribution de la production par l'État, égalité absolue, étatisation et communisation de l'éducation, destruction de la famille, uniformité en tout, architecture, urbanisme, vêtements, comportements, mœurs, régularité mécanique des mouvements et des activités de chacun, tyrannie réglementaire, « absorption complète de la personnalité des citoyens dans le corps social » (III, 191). Physiocratie étatiste, économisme libéral et despotisme communiste, même combat.

Or Tocqueville qui n'aime que la liberté ne veut ni des libéraux ni des communistes, tous deux fossoyeurs des libertés, chacun à leur manière. « La centralisation et le socialisme sont des produits du même sol ; ils sont, relativement l'un à l'autre, ce que le fruit cultivé est au sauvageon » (III, 192).

Que veut Tocqueville s'il tourne le dos autant au libéralisme qu'au communisme ? Il ne cesse de penser que la saine gestion politique d'une nation passe par la pratique effective du pouvoir par les gens concernés. À cet effet, il pense non pas dans le cadre centralisateur et jacobin de Paris, mais dans celui, décentré et girondin des provinces.

Voilà pourquoi il défend ce noyau dur de l'Ancien Régime : la décentralisation du pays, la prise en compte des provinces et de leurs diversités, le souci concret des gens contre la dévotion à la figure conceptuelle du citoyen. Contre le despotisme libéral de l'argent et contre le despotisme étatique du communisme, il aspire à la démocratie que je dirais *libertaire* – en prenant soin de préciser que le libertaire fait de la liberté le souverain bien en politique.

Tocqueville écrit contre Guillaume Letrosne, avocat du roi, auteur d'un livre intitulé *De l'administration provinciale*, « qui déplore si amèrement l'abandon dans lequel le gouvernement laisse les campagnes, qui nous les montre sans chemins, sans industries, sans lumières, n'imagine point que leurs affaires pourraient bien être mieux faites si on chargeait les habitants eux-mêmes de les faire » (III, 188) – *si on chargeait les habitants eux-mêmes de les faire* s'avère une remarquable définition de l'autogestion...

*L'Ancien Régime et la Révolution* fait l'éloge du communalisme. Ainsi : « En France, la liberté municipale a survécu à la féodalité. Lorsque déjà les seigneurs n'administraient plus les campagnes, les villes conservaient encore le droit de se gouverner. On en rencontre, jusque vers la fin du XVII$^e$ siècle, qui continuent à former comme de petites républiques démocratiques, où les magistrats sont librement élus par tout le peuple et responsables envers lui, où la vie municipale est publique et active, où la cité se montre encore fière de ses droits et très jalouse de son indépendance » (III, 88).

Avec le temps, le pouvoir des communes ou des villes à s'administrer elles-mêmes disparaît au profit d'un représentant du roi qui gouverne en son nom. La mise en office des fonctions publiques détruit la liberté. Les rois restreignent les libertés municipales par crainte de la démocratie véritable. En marchandant pour les villes la possibilité d'élire leurs magistrats, donc de retrouver leur autonomie, la monarchie en fait une affaire d'argent. « Je n'aperçois pas de trait plus honteux dans toute la physionomie de l'Ancien Régime » (III, 89), écrit-il.

Les différents rois ont défait ce que le Moyen Âge avait fait. Ainsi, « au XV$^e$ siècle, l'assemblée générale se composait souvent de tout le peuple ; cet usage, dit l'un des mémoires de l'enquête, était d'accord avec *le génie populaire de nos anciens*. C'est le peuple tout entier qui élisait alors ses officiers municipaux ; c'est lui qu'on consultait quelquefois ; c'est à lui qu'on rendait compte. À la fin du XVIIᵉ, cela se rencontre encore parfois. Au XVIIIᵉ siècle, ce n'est plus le peuple lui-même agissant en corps qui forme l'assemblée générale. Celle-ci est presque toujours représentative. Mais ce qu'il faut bien considérer, c'est que nulle part elle n'est plus élue par la masse du public et n'en reçoit l'esprit. Partout elle est composée de *notables*, dont quelques-uns y paraissent en vertu d'un droit qui leur est propre ; les autres y sont envoyés par des corporations ou des compagnies, et chacun y remplit un mandat impératif que lui a donné cette petite société particulière » (*id.*). Le peuple élit ses chefs et s'administre démocratiquement.

Le temps passe, le peuple disparaît, les notables prennent toute la place. Dans les instances de gestion provinciale, on voit de plus en plus de bourgeois et de moins en moins d'artisans, jusqu'à ce qu'ils disparaissent. Faut-il préciser que notre philosophe n'aime pas les notables et les bourgeois et que son affection se porte plutôt vers le peuple ? Il écrit : « Le peuple, qui ne se laisse pas prendre aussi aisément qu'on se l'imagine aux vains semblants de la liberté, cesse alors partout de s'intéresser aux affaires de la commune et vit dans l'intérieur de ses propres murs comme un étranger. Inutilement ses magistrats essayent de temps en temps de réveiller en lui ce patriotisme municipal qui a fait tant de merveilles dans le Moyen Âge : il reste sourd. Les plus grands intérêts de la ville ne semblent plus le toucher. On voudrait qu'il allât voter, là où on a cru devoir conserver la vaine image d'une élection libre : il s'entête à s'abstenir. Rien de plus commun qu'un pareil spectacle dans l'histoire. Presque tous les princes qui ont détruit la liberté ont tenté d'abord d'en maintenir les formes. » Puis il conclut : « Presque tous ont échoué dans cette entreprise, et ont bientôt découvert qu'il était impossible de faire durer longtemps ces menteuses apparences là où la réalité n'était plus » (III, 90-91).

Avec le temps, l'authentique démocratie locale médiévale laisse place à une oligarchie tenue de main de maître par une poignée de familles qui agissent loin du regard du peuple sans avoir jamais à lui rendre de comptes. L'administration prend le pouvoir, avec ses fonctionnaires, ses intendants, ses subdélégués, ses ingénieurs, ses syndics, ses collecteurs, qui travaillent de conserve avec des oligarques pour que le gouvernement central puisse imposer sa loi. La bourgeoisie gouverne ; elle a évincé le peuple : ruse de la raison, dirait probablement Hegel... Ce populicide est un produit de « 1789 », la plupart du temps oublié dans les mythologies de la Révolution française.

Tocqueville rapporte une anecdote illustrant le fonctionnement de la démocratie communale de l'Ancien Régime : « Jusqu'à la Révolution, la paroisse rurale de France conserve dans son gouvernement quelque chose de cet aspect démocratique qu'on lui avait vu dans le Moyen Âge. S'agit-il d'élire des officiers municipaux ou de discuter quelque affaire commune : la cloche du village appelle les paysans devant le porche de l'église ; là, pauvres comme riches ont le droit de se présenter. L'assemblée réunie, il n'y a point, il est vrai, de délibération proprement dite ni de vote ; mais chacun peut exprimer son avis, et un notaire requis à cet effet et instrumentant en plein vent recueille les différents dires et les consignes dans un procès-verbal » (III, 94-95).

La démocratie athénienne, qui écarte les femmes, les métèques et les esclaves, fut en deçà de cette démocratie communale pratiquée dans les paroisses, qui, pour peu que le décideur ait le sens de l'intérêt général et du bien public, permet à chacun de donner son avis et de prendre part à la vie de la communauté.

Lucide, Tocqueville déplore toutefois qu'il n'y ait là que « vaines apparences de la liberté avec l'impuissance qui y était jointe » (*id.*). Ce qu'il regrette n'est pas la délibération populaire, mais le fait qu'elle n'ait pas force de loi. À l'heure où il écrit, le philosophe constate que les paysans chérissent encore la liberté paroissiale comme l'une des modalités de la liberté publique.

**J'AI LU**

—

12755

*Composition*
NORD COMPO

*Achevé d'imprimer en Espagne*
*par* BLACK PRINT *(Barcelone)*
*le 9 septembre 2019.*

Dépôt légal : octobre 2019.
EAN 9782290157688
OTP L21EPLN002369N001

ÉDITIONS J'AI LU
87, quai Panhard-et-Levassor, 75013 Paris

Diffusion France et étranger : Flammarion